［増補版］

神道はなぜ教えがないのか

島田裕巳
Hiromi Shimada

育鵬社

はじめに

世界中にはさまざまな宗教が存在している。人類の社会が生まれて以来、宗教というものがまったく存在しない民族や国家は見当たらない。その点で、宗教は人類社会の基本的な構成要素だと言える。

日本の場合には、多くの人たちは自分のことを「無宗教」だと考えている。

日本の国内では、宗教の有無について聞かれることはほとんどないが、海外に出かければ、それを聞かれる。そのとき、多くの日本人は戸惑う。普段自分たちを無宗教だと考えているからだ。

しかし一方で、宗教にはさまざまな形でかかわっている。初詣は神社仏閣に出かけるし、葬式は仏教式でやるというのが、まだ一般的だ。

そこで、自分たちの実際の生活に即して、仏教徒だと答えることが多い。無宗教と言っても、海外の人々にはその意味がわからない。そもそも、無宗教をどう翻訳するのか。そこからしてかなり難しい。それに、海外では、国によって、宗教を信じていない人間は危険人物とも見なされる。

不思議なことに、にわか仏教徒になる日本人はいても、宗教を聞かれて、神道の信者だと答える人間は少ない。そもそも、「ブディスト」という英語は浮かんできても、「シントイスト」という単語はなかなか頭に浮かばない。

神道は日本に固有の信仰で、他の国にはないものである。仏教なら普遍性があり、海外の仏教徒以外の人たちも、それがどういう宗教なのかある程度の理解がある。けれども、神道についてはほとんど理解されていない。日本に来たことのある外国人なら、神社を見かけたことがあるだろうが、その経験がなければ、神道と聞かされても、そのイメージはまったくわかないに違いない。そもそも、外国人には神社と寺院の区別もついていないかもしれない。

神道という未知の宗教の名前を聞かされて興味をもった外国人がいたとしたら、きっと神道とはどういう宗教なのかと尋ねてくるに違いない。

神道とはどういう宗教なのだろうか。

聞かれた側の私たちも、果たしてうまく答えられるだろうか。

これが仏教なら、お釈迦様《しゃかさま》という開祖がいて、その教えが伝えられ、日本にはそのうち大乗仏教が入ってきてと、説明する人の知識の多寡にもよるが、その中身について答えていくことができる。

ところが、神道となると、そもそもお釈迦様のような開祖がいない。いったいそれがいつはじまったかもわからないし、教えとなると、何が教えなのか、すぐには浮かんでこない。

説明ができるとしたら、神社のことに限られる。神社がどういった空間であり、そこには神主《かんぬし》という宗教家がいて、祭祀《さいし》を営んでいる。そこまでは説明ができても、その先がなかなか出てこない。

神道がどういう宗教なのかを説明しようとすると、いかにそれが難しいかがわかってくる。説明ができないのは、その人間に知識が欠けているからではない。他の宗教に比較したとき、たしかに神道は説明が難しいのだ。何をどう説明していいのか、皆目見当がつかなくなってくる不思議な宗教なのである。

日本人のなかにも、神道の信仰を真っ向から否定し、神社には絶対に行かないし、鳥居もくぐらないという人間がいる。少し前の創価学会の会員たちがそうだったし、今でもその傾向がある。あるいは、日本で一番信者が多い浄土真宗の場合にも、「神祇不拝《じんぎふはい》」という教えがあり、本尊とする阿弥陀仏《あみだぶつ》や宗祖親鸞《しゅうそしんらん》以外には拝礼をしないという考え方がある。ただ浄土真宗の信者である門徒が、必ずそれに従っているわけではない。

厳格な信仰をもつ人たちを除けば、ほとんどの日本人は、神社に出かけ、そこで拝礼を行う。正月の初詣に神社を選ぶ人の数は相当なものになる。赤ん坊が生まれれば、宮参りに神社に出向くし、七五三も同様だ。

その意味で、神道の信仰は日本人の生活のなかに深く溶け込んでいる。神道は、日本に固有の伝統であり、その歴史は古い。古いだけではなく、現代にも受け継がれている。

平成二五（二〇一三）年には、伊勢《いせ》神宮で恒例の式年遷宮《しきねんせんぐう》が行われた。伊勢神宮は内宮《ないくう》と外《げ》宮《くう》に分かれているが、その正殿をはじめ、境内《けいだい》の建物が一新された。

しかも、この平成二五年には、出雲《いずも》大社でも遷宮が行われた。伊勢神宮の式年遷宮は、現在二〇年に一度とされているが、出雲大社では六〇年ぶりである。こちらは、社殿が一新されたわけではなく、屋根の葺《ふ》き替えが中心だが、日本で最も大きな社殿だけに、葺き替え工事は大事業である。

こうした遷宮が、現在でも行われているということは、神道の信仰が決して過去のものではなく、現代にもしっかりと受け継がれていることを意味している。遷宮が終わると、多くの人々が伊勢神宮や出雲大社を訪れた。伊勢神宮では、内宮と外宮をあわせてのことだが、平成二五年に初めて、参拝者の数は年間一〇〇〇万人を超え、一四〇〇万人に達した。

あるいは、天皇の譲位と新天皇の誕生に伴って、令和元（二〇一九）年一一月一四日から一五日にかけて、大嘗祭《だいじょうさい》が営まれた。大嘗祭は、古代から続く神道の祭祀であり、新しく天皇が即位した年（即位時期によってはその翌年）に営まれる。大嘗祭のためには大嘗宮《だいじょうきゅう》という建物がたてられ、天皇は神と共食する。天皇は、皇居の宮中三殿で宮中祭祀を営むことを一つの役割としているが、現代の社会に古代の祭祀が受け継がれていることは注目される事柄である。

そうした機会もめぐってくるわけだから、私たちは、改めて神道とは何かを考えてみてもよいのではないだろうか。神道という宗教がどういった特徴をもち、その構造はどうなっているのか。それを確認しておく必要がある。

その際には、日本人が古代から深くかかわってきた神道と仏教とがいかなる関係をもってきたのかも考えてみなければならない。そもそも、私たちは仏教徒なのか、それとも神道の信者なのか。その点をどう考えるかも、かなり重要な事柄である。

神道をいかにとらえていくか。この本で考えてみたいのはそのことである。神道の本質を見定め、その展開の過程を追うことで、日本人が神道とどのようにかかわってきたのかを明らかにすることは、おそらく、私たち日本人の基本的な世界観を考えることにつながっていくことだろう。

神道は日本人を知るための鏡であるかもしれないのである。

目次◎〔増補版〕神道はなぜ教えがないのか

第7章　人を神として祀る神道

第8章　神道は意外にイスラム教と似ている

第9章　神主は、要らない

第10章　神道には生き神という存在がある

第11章　伊勢神宮の式年遷宮はいつから行われているのか

第12章　救いのない宗教

装幀◉小栗山雄司

本書は二〇一五年一二月にベストセラーズ社から刊行された文庫本に加筆したものです。

第1章

「ない宗教」としての神道

神道は開祖も、宗祖も、教義もない

神道は、日本に固有の「民族宗教」である。

世界の宗教を分類する上で、民族宗教と「世界宗教」を区別することが一般的だ。民族宗教は一つの民族に固有の宗教で、神道の他には、ユダヤ教やヒンドゥー教があげられる。

民族宗教には特定の創唱者《そうしょうしゃ》というものが存在しないが、世界宗教にはそれがいて、その教えが民族の枠を超えて広がっていく。仏教やキリスト教、そしてイスラム教が世界宗教の代表ということになる。

民族宗教としての神道は、日本の長い歴史のなかで、外来の仏教や儒教、道教などからさまざまな形で影響を受けてきた。だが、神道が日本という国にしか存在しない土着の特殊な宗教であることは間違いない。

逆に神道は、日本の外には広がっていない。日本が戦争を行っていた時代には、朝鮮半島や台湾などの植民地に神社が建設され、その信仰が現地の人々に強制されたことはあった。あるいは、ハワイやブラジルなど、日系移民が多い国では、日系人の手によって神社が創建され、今でも守られている。

とくにハワイでは、数多くの神社が祀られてきた。現在では廃絶されたものや合祀されたものも少なくないが、ハワイ大神宮などは、相殿《あいどの》（二柱以上の神を合祀した社殿）にジョージ・ワシントンとカメハメハ大王を祀っているハワイならではの神社である。

琉球王朝時代の沖縄には、神道は浸透せず、沖縄独自の宗教が形成されていた。今日ではパワー・スポットとしても人気を集めている斎場御嶽《せーふぁうたき》などは、琉球王朝の国家祭祀が行われた場所である。ただ、こちらは近世のもので、歴史はそれほど古くはないのだが、日本の神道の古代の姿を伝えているとも言われている。

日本独自の信仰である神道について、あるいは、神道の宗教施設である神社について、当の日本人は果たして十分な知識をもっているのだろうか。そのあり方を正しく認識しているのだろうか。その点はかなり心もとない。

古代から受け継がれた信仰を依然として守り続けているような国や民族は、実はかなり珍しい。多くの国においては、その歴史の途中において、伝統的な信仰、つまりは民族宗教が一掃され、外来の世界宗教によって取って代わられているという事態を経験している。

ヨーロッパでは、キリスト教が浸透する以前のゲルマンやケルトといった民族宗教が形を変えて受け継がれている面がないとは言えない。イエス・キリストの誕生を祝うクリスマスなど、そうした民族の冬至の祭がもとになっている。ちなみに、イエス・キリストの事績を伝える新約聖書の「福音書《ふくいんしょ》」では、キリストがいつ誕生したか月日は記されていない。季節さえ明らかにはなっていない。冬至の祭は、日本の正月のようなものである。ただし、ゲルマンやケルトの民族宗教は、クリスマスがそうであるように、ほとんどがキリスト教の信仰のなかに取り込まれ、大きく変容してしまった。

その点で、日本人が神道を古代からずっと守り続けてきたことは特筆すべきことだ。私たちはそこに誇りをもっていい。

だが、古代の信仰がそのままの形で現代に引き継がれたわけではなく、歴史のなかでは、仏教などとの融合や習合といった現象も起こっている。神道について知るということは、そうした部分まで含めて理解していくことを意味する。

ただ、「はじめに」でも述べたように、神道という宗教について説明を加えていく作業は、他の宗教について説明していくことに比較して、困難な部分を抱えていることも事実である。それは、神道という宗教が難解だからではない。逆に、神道が宗教としては希《まれ》に見るほどシンプルなものであるがゆえに、どうやってそれを説明していいのか、糸口を見つけることが難しいのだ。

まずなにより、民族宗教としての神道には創唱者、開祖《かいそ》・教祖にあたるような人物がいない。多くの宗教について説明しようとする際に、それぞれの開祖がどのような生涯を歩んだということから話がはじまることが多い。仏教なら釈迦の、キリスト教ならイエス・キリストの歩んだ道から話をはじめればいいわけである。その話のなかには、当然、仏教やキリスト教が宗教として何を説いているかが示されることになる。

ところが、神道にはその開祖にあたる人物がいない。それぞれの神社を創建した人物についても、それがわかっていない場合がほとんどだ。

仏教なら、開祖の釈迦だけではなく、宗派を開いた宗祖《しゅうそ》や、歴史にその名を残した有名な僧侶、高僧がいたりする。ところが、神に発する神道には宗祖はいないし、誰もが名前を知っている神主や神道家などはほとんどいない。

それを反映し、神道では教義というものがほとんど発達していない。普通なら、その宗教について解説する際に、それぞれの宗教のなかで築かれ、体系化されてきた教義をもとにする。仏教にもキリスト教にも、あるいはイスラム教にも教義が存在し、それぞれかなり壮大な体系が作り上げられている。けれども、神道には教義がない。まったく存在しないわけではなく、中世以降、さまざまな神道家が独自の神道を打ち立てようとはしたものの、それは仏教や儒教などの思想を借りてきた、相当に観念的なものだった。一般の人たちがそれを実践することで救いを得られるような、そうした分かりやすい教義が神道の世界では生み出されてきていないのである。

そもそも、神道における救いというものからしてひどく曖昧である。宗教とは、救いを与えるもの、救済に結びつくものだという定義の仕方も可能だが、神道にはこの救いの部分が欠けている。

私たちが神社で祈りを捧げるとき、「家内安全」や「商売繁盛」、あるいは恋愛や結婚の成就、受験する学校への合格などを願う。けれども、この祈願だけで終わってしまい、神社やそこに祀られているはずの神は、それ以上救いのための手立てを与えてはくれない。

さらに神道は、人生の根本的な問題に対する究極的な答えを与えてくれるわけではない。宗教は一般に、人々の悩みや苦しみの解決に役立つことをその役割としているが、こと神道に限っては、それを期待することが難しいのだ。

その点で、果たして神道は宗教なのかという根本的な疑問も生まれてくる。実際、明治以降、敗戦までの近代日本社会においては、「神道は宗教にあらず」とされ、宗教の枠の外側におかれていた。

そこには、神道を宗教の枠から外すことで、それを国民道徳や慣習として強制させようとする権力者の側の意図が働いていた。

けれども、本来神道に宗教の枠におさまりきれない部分があったからこそ、神道と宗教とが区別されたわけだ。もしそうした面がなかったとしたら、神道の宗教性が否定されることはなかったであろう。

開祖も、宗祖も、教義も、救済もない宗教が神道なのである。

神社の中心には実質的に何もない

果たしてそれで宗教と言えるものなのか。神道の特異な性質が、そうした疑問を私たちに突きつけてくる。宗教としてあるべきものがないとしたら、なぜ日本人はそれでも神道を守り続けてきたのか。神道に対する疑問は、そうした根源的な問いにも発展していくはずだ。

では、今挙げた疑問は、神道の施設である神社を実際に訪れれば、それで解消されるのだろうか。

神社には、鎮守《ちんじゅ》の杜《もり》があり、神域は厳粛な雰囲気に包まれている。鳥居をくぐり、参道を抜けていくと、目の前には社殿があらわれる。

社殿の多くは、手前に拝殿をもうけ、その奥が本殿、あるいは正殿になっている。拝殿はたんに参拝のための場だが、本殿や正殿には、その神社特有の祭神《さいじん》が祀られている。

一般の参拝者は、拝殿まで入ることができても、本殿や正殿のなかに足を踏み入れることはできない。もっとも、たとえ本殿や正殿のなかに入っても、直接神の姿を見ることはできない。神の姿を象《かたど》った神像なども存在せず、あるのは、神が宿っているとされる鏡や御幣《ごへい》などの依代《よりしろ》だけである。

神社の境内にあって、摂社《せっしゃ》や末社《まっしゃ》としての扱いを受けている小さな社殿、小祠《しょうし》ともなれば、依代ではなく、神札《しんさつ(ふだ)》だけが祀られていることもある。参拝した際に、いちいちそれを確かめることもできないが、神社の中心には、実質的に何もない。依代はあくまで神が宿るものであり、それ自体が神聖な存在であるわけではない。

ここでも私たちは、「ない」という事態に直面する。それは、神が存在しないということを意味するわけではないが、神に姿はない。仏教の影響で神像《しんぞう》が作られた時代もあったが、それは一時期のことに終わってしまい、ずっと神像が作られてきたわけでもない。

タマネギやラッキョウの皮をむいていくと、最後には何も残らない。それと同じように、神道や神社は、その中身を探っていけばいくほど、決定的なものがない、あってしかるべきものが欠けているという事態に直面する。

その点では、神道という宗教の本質は「ない」、あるいは欠けているというところにあると言いたくもなってくる。

仏教の歴史のなかでは、大乗仏教が生まれ、「般若経《はんにゃきょう》」系の経典が生まれた段階で、空《くう》や無《む》といったことが強調されるようになる。後に成立する禅がめざすのも、「無の境地」である。あるいは、禅を西欧に紹介した鈴木大拙《すずきだいせつ》は、禅の説く無心が、浄土真宗において重視される他《た》力本願《りきほんがん》の信仰における無心に通じると説いていた(『無心ということ』角川ソフィア文庫)。

では、神道の本質に「ない」という事態があることと、大乗仏教の説く空や無とは重なってくるのだろうか。これは、とても重要な問題であり、簡単には答えが出ない事柄である。

しかし、神道がもつ特異な性格を考える上で、こうした点は一つの出発点になるように思われる。少なくとも、神道のシンプルさは、そこと深く関連する。

そして、神道が仏教と深く結びついていくのも、この「ない」という本質が密接に関連している。「ない宗教」として神道を考えることが、重要なポイントになってくるのである。

第2章

もともとは神殿などなかった

沖ノ島の祭祀は一貫して野外で行われていた

ちょうどそれは東日本大震災が起こる前の週の週末のことだった。私は静岡県静岡市にある「登呂《とろ》遺跡」を訪れた。

登呂遺跡は、よく知られているように弥生時代の集落と水田跡で、戦時中に発見され、戦後に発掘が行われた。現在では、登呂公園として復元が進められ、その脇には静岡市立の登呂博物館も建設されている。

私がそのとき登呂遺跡を訪れようと考えたのは、そこが平成二二（二〇一〇）年にリニューアルされ、遺跡はその面目を一新していたからだ。その数年前に訪れたこともあったのだが、まだリニューアル工事が進められている最中だった。

登呂遺跡には、以前から竪穴式住居《たてあなしき》や高床式倉庫《たかゆか》が復元されていたが、今回のリニューアルで祭祀を営むための「祭殿」と呼ばれる建物が新たに再現された。その遺構《いこう》は、平成一一（一九九九）年の再発掘調査の際に発見されたものである。

この祭殿は、倉庫と同様に高床で、屋根には千木《ちぎ》と鰹木《かつおぎ》を戴いている。もっとも目を引くのが、千木のある妻側に斜めに立てかけられた太い二本の棟持柱《むなもちばしら》である。

この形は、明らかに「神明造《しんめいづくり》」を模したものである。

神社の建築様式には多様なものがあるが、神明造の代表となるのが伊勢神宮の正殿である。たしかに、復元された登呂遺跡の祭殿は伊勢神宮にそっくりである。伊勢神宮正殿をモデルに復元の作業が行われたことは間違いない。

日本の正史である『日本書紀』によれば、伊勢神宮の内宮が現在の地に移ってきたのは、垂《すい》仁《にん》紀二五年のこととされる。それは西暦では紀元前五年に相当する。一方、登呂遺跡は弥生時代後期、紀元一世紀頃の集落と推定されている。

伊勢神宮の内宮がはじめて現在地に建てられたときに、今と同じ神明造であったとするなら、それよりも後の時代に属する登呂遺跡が、それをモデルにして同じ形式で建てられた可能

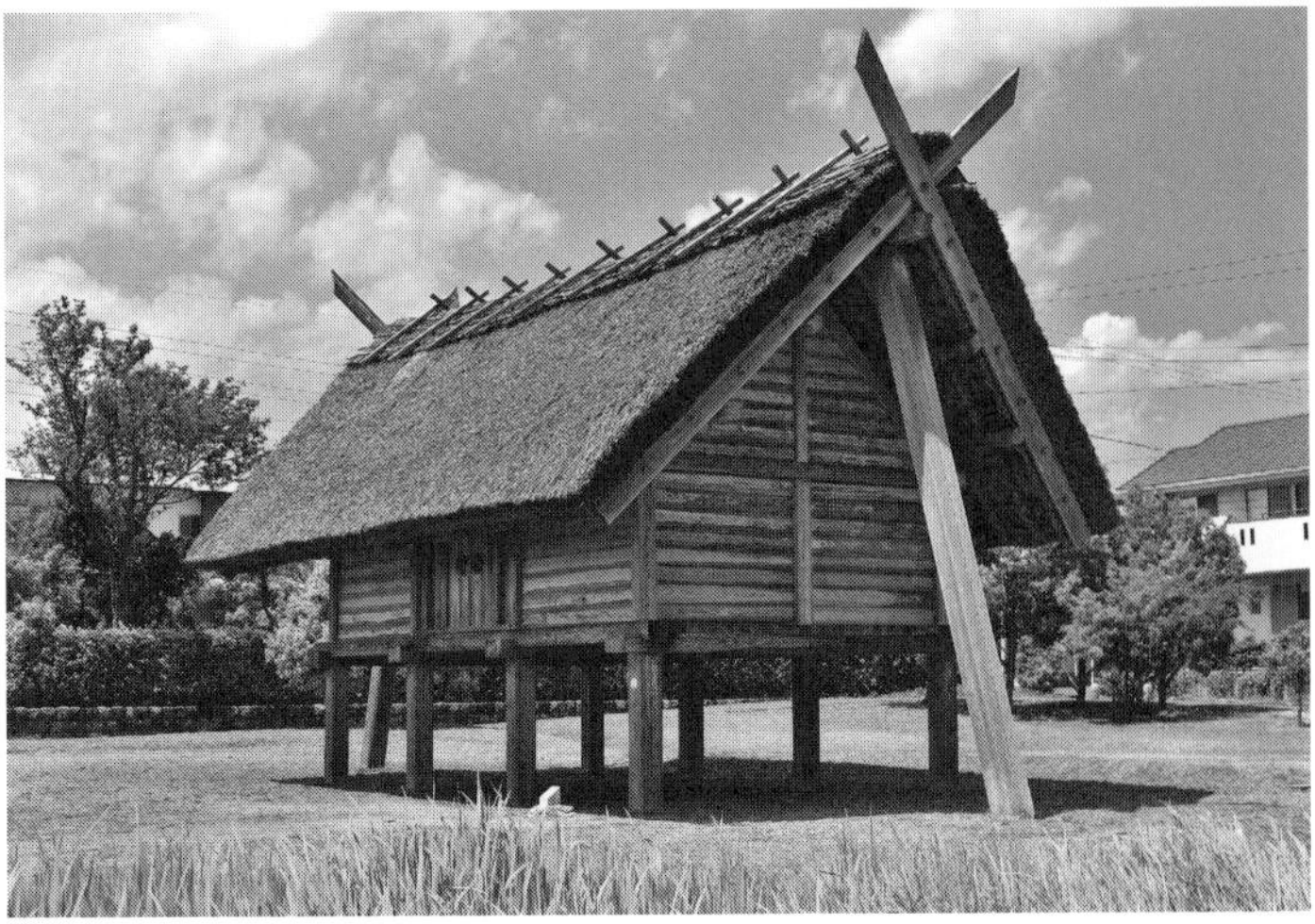

再現された祭殿（登呂遺跡）

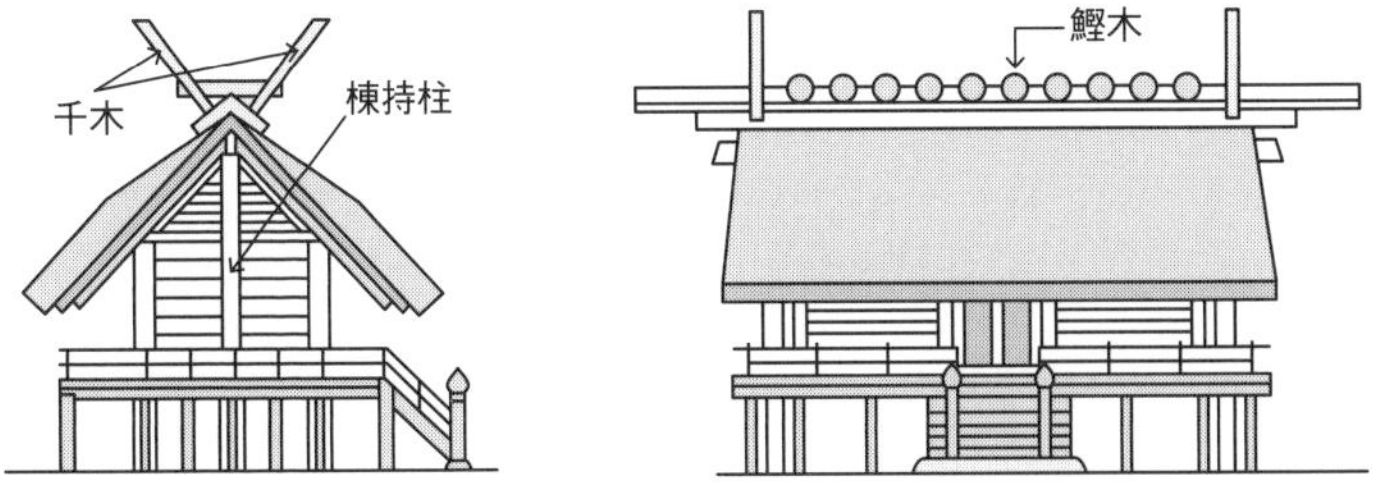

千木・鰹木

鰹木は「勝男木」などとも書かれ、棟に水平に並んだ筒状の部分をいう。千木は屋根の上で交差したＶ字の部分で、垂直に切った外削ぎ、水平に切った内削ぎの２種がある。神社建築に特有のもので、その神聖性を象徴している。

性はあり得る。

だが、一一代の垂仁天皇は、歴史的に実在した可能性があると考えられている一五代の応神《おうじん》天皇よりも前の時代に在位した天皇であり、神話的な存在である可能性が高い。なにしろ垂仁天皇は一四〇年近く生き、在位期間も一〇〇年に及んだとされているからである。とても実在した人物のこととは思えない。

したがって、伊勢神宮内宮の創建《そうけん》が本当はいったいいつだったのか、それははっきりしない。現在では二〇年に一度行われている式年遷宮がはじまったのは持統《じとう》天皇の時代のことで、それは七世紀後半のこととされる。もし伊勢神宮の建築様式が、式年遷宮がはじまってから神明造に定まったのだとすれば、逆に、登呂遺跡の方をモデルにしたことになる。

では実際に、弥生時代の登呂に、伊勢神宮の正殿と同じような祭殿が建っていた可能性はあるのだろうか。それは、日本の神道の性格を考えると、実はかなり怪しいのである。

第1章でも述べたように、神道の本質は「ない宗教」である点に求められる。神道には、開祖も、宗祖も、教義も、救済もない。その点から考えると、建築物にかんしても、「ない」ということを起点にして考える必要が出てくる。

平成二二（二〇一〇）年に刊行された岡田荘司《おかだしょうじ》編『日本神道史』（吉川弘文館、令和三年に増補新版が刊行された）は、最新の研究をもりこんだ神道の通史で、神道祭祀のはじまりとして、福岡県宗像《むなかた》市の沖合、玄界灘の真っ只中にある沖ノ島と、奈良の三輪山《みわやま》におけるものを挙げている。

沖ノ島は絶海の孤島で、許された者しか上陸することができない場所だった。平成二九（二〇一七）年に、「『神宿る島』宗像・沖ノ島と関連遺産群」の構成資産の一つとして、ユネスコにより世界文化遺産に登録されると、基本的に、宗像大社の神職以外は島に行くことができなくなった（宗像大社では、数年ごとに報道関係者に上陸してもらい、人が立ち入らなくなった状況を伝えてもらうと言っているが、まだその機会は訪れていない）。

沖ノ島では、四世紀後半から一〇世紀初頭までの期間、相当に規模の大きな祭祀が営まれていた。近年では、沖ノ島の祭祀が三世紀からはじまるという説を唱える学者もいる。

沖ノ島には二三ヶ所の古代にさかのぼる祭祀遺跡がある。その祭祀では、おびただしい数の鏡や鉄剣、勾玉《まがたま》、それに金銅製の馬具などが用いられており、一二万点に及ぶ出土品は一括して国宝に指定されている。

『日本神道史』では、沖ノ島での奉献品、祭器の内容は、四世紀後半に造られた大和周辺の古墳における副葬品と共通しており、「大和の勢力、恐らく大和政権により、四世紀後半に沖ノ島祭祀が開始されたことを物語っている」と指摘している（五二頁）。

沖ノ島には、現在宗像大社の沖津宮《おきつみや》が建っているが、それは後世のものである。最初、祭祀は、島のなかにある巨大な岩の上で行われていた。その後、岩陰で行われるようになり、さらには半分露天・半分岩陰、そして露天へと場所が変わっていった。場所の変遷はあるものの、沖ノ島の祭祀は一貫して屋外で営まれ、神殿のような建物のなかでは行われなかった。

これは、奈良の三輪山の場合にも共通している。

三輪山は標高四六七メートルの小高い山で、今では山全体が「御神体《ごしんたい》」と見なされている。その西側の麓には大神《おおみわ》神社が鎮座しているが、そこには拝殿はあっても本殿はない。三輪山自体が御神体なので、改めて本殿を建てる必要がないのである。

大神神社が創建にいたる経緯などについては、『古事記』や『日本書紀』にも記載されている。ただそれは、あくまで神話であり、大神神社がいったいいつ創建されたかは定かではない。

現在では、三輪山を御神体として拝殿で祭祀が営まれているが、かつては山中にある大きな石・岩、「磐座《いわくら》」で祭祀が行われていた。

三輪山の山頂近くには、現在高宮《こうのみや》神社が祀られている。三輪山全体は神域として禁足地《きんそくち》になっており、神職でも足を踏み入れることはできないが、大神神社の摂社《せっしゃ》の一つである狭井《さい》神社のところに登山口があり、そこからだけは山頂まで登ることができる。

その際に、登山者は、そうした磐座の姿に接することができる。山中には相当な数の大きな石があるが、登山道の途中には中津《なかつ》磐座と呼ばれる、たくさんの石が集まった場所があり、そこは注連縄《しめなわ》で結界《けっかい》がなされている。また、高宮神社の先にも、同じように奥津《おきつ》磐座と呼ばれる磐座がある。

禁足地とされている三輪山では発掘はできないが、その周辺でも祭祀が行われた遺跡が残されており、そちらの発掘は行われている。そうした遺跡は四世紀からのものである。そこからは、鏡や土器、勾玉《まがたま》などが出土しており、三輪山の山中にある磐座でも同じような品々を用いて祭祀が営まれていたと考えられる。

平安時代末期の公家で歌人だった藤原清輔《ふじわらのきよすけ》が歌について論じた平安時代の『奥義抄《おうぎしょう》』という書物には、「このみわの明神は、社《やしろ》もなく、祭の日は、茅の輪をみつつくりて、いはのうへにおきて、それをまつる也」と記されている。大神神社では、平安時代になっても社殿は建てられておらず、茅の輪を三つ作って岩の上におき、それを用いて祭祀を行ったというのである。

嘉禄《かろく》二（一二二六）年に成立した『大三輪鎮座次第』では、「当社古来無宝殿。唯有三個鳥居而已」と述べられ、三輪山にはもともと社殿がなかったと記されている。宝殿《ほうでん》とは神殿を意味するが、この時代、大神神社には、そこに特有の鳥居を三つ組み合わせたような三ツ鳥居しか建っていなかったというのだ。

大神神社の宮司であった中山和敬《なかやまわけい》は、古い記録を見ると、拝殿の造営が行われたのは文保《ぶんぽう》元（一三一七）年のことだったとしている（『大神神社』学生社）。

このように、神道のなかでもっとも古い祭祀が営まれていたと考えられる沖ノ島や三輪山では、どちらも当社の祭祀は屋外の岩のところで行われていた。したがって、社殿は存在しなかった。少なくとも、拝殿の内部で祭祀が営まれていたわけではないのである。

登呂遺跡や吉野ヶ里遺跡に祭殿があったとは考えられない

となると、登呂のような弥生時代の集落跡に、神殿があったということ自体がかなり疑わしくなってくる。

登呂遺跡と同じ弥生時代の遺跡としては、九州佐賀の吉野ヶ里《よしのがり》遺跡が名高い。最近も、石棺《せっかん》墓《ぼ》が発掘され、注目を集めている。そこに復元された集落のなかには、相当に規模が大きな三階建ての主祭殿《しゅさいでん》が含まれている。

主祭殿には登ることができるようになっていて、二階部分では、人形を使って、村人が会議をしている様子が再現されている。そして、三階部分では、女性の祭司が祖先の霊に祈願する光景が再現されている。そこで得られたお告げは、すぐに村人たちの会議の場に伝えられると説明されている。

吉野ヶ里遺跡全体は長い歴史を持っているが、主祭殿などの大型の建物は二世紀の終わり頃

三階建ての主祭殿（吉野ヶ里遺跡）

のものとされる。そのために、邪馬台国《やまたいこく》との関連が指摘され、邪馬台国九州説の有力な証拠として持ち出されることが多い。邪馬台国について述べた『魏志倭人伝《ぎしわじんでん》』では、その女王である卑弥呼《ひみこ》は鬼道《きどう》によって衆を惑わしたとされる。そこから卑弥呼は政治的な権力と宗教的な権威をあわせもった「祭祀王」としてとらえることができる。吉野ヶ里遺跡で大規模な祭殿が復元されているのも、そのことが反映されている。

ただし、『魏志倭人伝』の記述を読んでみると、「宮室《きゅうしつ》、楼観《ろうかん》、城柵《じょうさく》」はあったと記されてはいるが、神殿についての記載はない。もちろん、『魏志倭人伝』の記述がどこまで信用できるのかという問題はある。けれども、主祭殿のような建物があったなら、真っ先に取り上げられていたとしても不思議ではない。

神道においては、最初、神殿は設けられず、祭祀は屋外にある磐座で営まれていた。ここにも、「ない宗教」としての神道の本質が示されている。社殿がないのが神道のもともとの姿なのである。

その点を踏まえて考えるならば、登呂遺跡に伊勢神宮の正殿のような建物があったり、吉野ヶ里遺跡に主祭殿があったりする可能性は低い。どちらの遺跡においても、発掘されたのは柱の跡である。その上にどういう建物があったかは、復元にあたった現代の人間が想像したことによる。建物は木造であり、何も残ってはいないのだ。

現代において、地鎮祭が営まれるときに、建設現場に臨時の祭場を設けるというやり方がとられているが、それは案外、古代の祭祀の形式に近いものなのではないだろうか。

立派な神殿は観光の目玉にはなるかもしれないが、現代の人間が空想した架空の建築物である可能性が高いのだ。

政治や行政の縦割りということは、いつも問題になるが、それは学問の世界にもある。

縄文時代や弥生時代、あるいは古墳時代の遺跡を調査研究するのは、もっぱら考古学者の役割である。その一方で、文献資料をもとに研究を行うのが歴史学の研究者である。神道史の研究もまた、歴史学の枠のなかで行われることが多い。

考古学と歴史学は、研究を進める上で基本的な素材となる資料の性格が異なっており、そこで役割分担をしている。もちろん、文字資料が登場する時代についても、遺構などの考古学的な研究は行われているものの、文字資料以前の時代についてはもっぱら考古学の領域になっている。

本来なら、役割分担をするだけでは不十分で、考古学と歴史学との統合をはかっていく必要があるのだが、残念ながら現状では、それが十分には行われていない。そのために、古代における神道の祭祀のあり方について、考古学と歴史学とでは異なるとらえ方がされ、それが放置されてしまっているのだ。

とくに、弥生時代に神殿があったのかどうかは重要な問題である。いったいそこでどういった祭祀が行われていたのかは、神道の起源を考える上で決定的な意味をもつ。にもかかわらず、神道学者は、登呂遺跡や吉野ヶ里遺跡の神殿での祭祀についてはふれようとしない。まさに、先に紹介した『日本神道史』がそうなのだ。そのなかには、登呂遺跡も吉野ヶ里遺跡も登場しないのである。

第3章

岩と火
原初の信仰対象と閉じられた空間

斎場御嶽の祭祀は岩壁の前で営まれた

前の章でふれたように、神道におけるもっとも原初的な信仰を示していると考えられる沖ノ島と三輪山では、どちらの場合にも、古代における祭祀は社殿などいっさい設けずに、屋外で行われていた。

その際に、極めて重要な役割を果たしていたのが巨岩、磐座《いわくら》である。祭祀は何もない空間で行われたわけではなく、巨大な石や岩のある場所で行われていたのである。

巨大な石や岩が宗教の世界で重要な働きをしているのは、何も日本の神道に限られない。世界中の宗教において、岩や石が信仰の対象となっている事例にお目にかかることができる。誰もがすぐに思いつくのが、イギリスのストーンヘンジやイースター島のモアイ像であろう。

ストーンヘンジは、先史時代の遺跡で、巨大な長方形の石を環状に並べたものである。そこでは、何らかの儀式が営まれていたと考えられるが、どういった儀式だったのか、他に資料が存在しないため、実態は分からない。

モアイ像は、チリ領のイースター島にある人面の巨石で、人工的に作られたものであることは明らかである。だが、その製作の目的は分かっていない。時代とともに巨大化していったという点では、日本の弥生時代の銅鐸《どうたく》と共通する。銅鐸はもともとは楽器だったが、巨大化することでその役割は果たさなくなった。もっぱら祭祀を営む人間の権威の象徴としての役割を果たしたと考えられる。

中国には、敦煌《とんこう》などに見られるように数多くの石仏が残されている。中国では、かつて何度も仏教を一掃しようとする「廃仏」の嵐が吹き荒れ、寺院に安置されていた仏像は軒並み破壊されてしまったものと考えられる。中国では、インドから仏教が取り入れられる前に、土着の儒教や道教が存在し、仏教はそうした宗教と競合する関係におかれた。それが廃仏がくり返される原因となった。それでも、敦煌がそうであるように、不便な山中にある石仏は残され、当時の中国の仏像がどういった形態をとっていたかを教えてくれている。

イギリスのストーンヘンジ

イースター島にあるモアイ像

平成二三（二〇一一）年に刊行された須田郡司《すだぐんじ》の『世界石巡礼』（日本経済新聞出版社）では、世界のさまざまな地域にあるめずらしい石のことが取り上げられているが、それぞれの土地において信仰の対象となっているものが少なくない。

その本のなかに出てくる事例のなかで、神道の祭祀との関連で注目されるのが、中米グアテマラのアンティグアにある巨石である。それは「悪魔の顔」と呼ばれているが、現在でもマヤの時代に遡《さかのぼ》る宗教儀礼が営まれている。祭祀はその巨石の陰の部分で営まれている。古代の沖ノ島では、途中、岩陰で祭祀が営まれていた時期があった。

アンティグアでは、最後に鶏が生《い》け贄《にえ》として捧げられる。生け贄という要素は、現在の日本の神道祭祀においては欠けている。

ただし、『日本書紀』皇極《こうぎょく》天皇元（六四二）年秋七月の条では、雨乞いのため牛馬を生け贄に捧げたとされている。同時代の遺跡からも牛の頭骨が出土している。

あるいは、諏訪《すわ》大社上社では、四月一五日に御頭祭《おんとうさい》が営まれ、その際には、鹿や猪の頭が供えられる。現在は剥製《はくせい》だが、昔は実物の鹿全体が供えられたという。神道でも、かつては生け贄が捧げられ、さらに古代においては人間が生け贄として捧げられたとも伝えられる。いわゆる「人柱《ひとばしら》」である。神話のなかには、オトタチバナヒメのように人柱になった女性が登場する。

『世界石巡礼』には、その前作として『日本石巡礼』（同社）という本がある。そちらでは、冒頭に沖縄の斎場御嶽《せーふぁうたき》のことが取り上げられ、著者の須田は、そこから大きな衝撃を受けたと語っている。

斎場御嶽の中心をなしているのが「三庫理《さんぐーい》」である。それは、巨大な二つの岩のあいだにできた空間のことをさしている。

最近、パワー・スポットがブームになっていることもあり、斎場御嶽のことがメディアで取り上げられることも多くなった。その際には、必ずこの三庫理を撮影した写真が紹介される。

実は、岩の一角が崩れたことで、三角形の透き間ができたのであって、もともとは三方が岩壁によって囲まれた閉じた空間だった。

この斎場御嶽では、琉球《りゅうきゅう》王朝の女性神官の最高位にある聞得大君《きこえのおおきみ》の就任式が営まれた。女性が宗教的な祭祀を主宰しているのが沖縄の特徴で、聖地は皆男子禁制になっている。

それまで三つに分かれていた王統が統一されて琉球王朝が成立したのは一四二九年のこととされている。日本本土の時代区分では、中世の末期に相当する。

その点では、斎場御嶽はそれほど古いものではない。少なくとも古代の祭祀跡であるというわけではない。

けれども、斎場御嶽で行われた祭祀は、岩の崖の前で営まれたもので、日本の古代祭祀を連想させる。そこに恒久的な建物がなかった点も共通する。聞得大君の就任式では、仮屋が建て

斎場御嶽

世界遺産「琉球王国のグスク及び関連遺産群」の一つ斎場御嶽には、琉球王朝時代に築かれた祭祀場が現存している。写真は、禊を行った清めの泉「ウローカー」。

三庫理

沖縄県にある斎場御嶽は、琉球神道における最大の聖地。三つの拝所が集まる最奥部の「三庫理」は、琉球王国の祖神アマミキヨが降臨する場とされている。

られたようだが、神殿が常設されるようにはならなかった。

斎場御嶽での祭祀と日本本土での神道の祭祀が直接的な関係をもっているわけではない。明確な影響関係があったとはされていないし、沖縄には宗教的に中国などの影響が強い。

だが、磐座のところでの祭祀ということでは、沖ノ島や三輪山の場合と共通する。そこに直接的な影響関係がないのであれば、祭祀を営んだ人間の心性が共通していたとも言える。どちらも、仏教の影響を受けていない祭祀であり、その点で、土着的で原初的なものであった。少なくとも沖縄における祭祀は、日本の古代における祭祀がいかなるものであったのかを教えてくれているのである。

神倉神社のゴトビキ岩から経典を奉納した経塚が発見されている

信仰の対象としての岩ということで、私にとって強烈な印象を残しているのが、熊野《くまの》の新宮《しんぐう》市にある神倉《かみくら》神社のゴトビキ岩である。

熊野には、「熊野三山」ということで三つの主要な神社が祀られている。熊野本宮《ほんぐう》大社、熊野那智《なち》大社、それに熊野速玉《はやたま》大社である。神倉神社は、熊野速玉大社の摂社にあたる。摂社とは言っても、速玉大社の境内にあるわけではなく、その南一キロほどのところにある。

ゴトビキ岩
威容を誇る神倉神社の御神体ゴトビキ岩。遥かな古代から信仰の対象とされてきた。手前の社殿には天照大御神と高倉下命が祀られている。

ゴトビキとは、この地方の方言でヒキガエルのことをさす。たしかに、ゴトビキ岩は上の部分が突き出たような形になっていて、ヒキガエルの姿を連想させる。

神倉神社は、標高一二〇メートルの神倉《かんのくら》山《やま》の上にある。標高はそれほど高くはないものの、周囲が断崖絶壁になっているため、神社に参拝するには五三八段の急な石段を登らなければならない。

神倉神社では、ゴトビキ岩自体が御神体になっていて、その脇に拝殿と柵が設けられている。岩は拝殿にのし掛かるような形になっていて、大きな注連縄《しめなわ》が張られている。

岩の周辺からは、経典を奉納した経塚《きょうづか》がいくつか発見されていて、主なものとしては第一経塚、第二経塚、第三経塚と呼ばれる三つがある。

それぞれの経塚からは、平安時代の経筒《きょうつつ》が発見されたりしているが、そのなかに納められていたはずの経巻《きょうかん》は発見されなかった。ほかに懸仏《かけぼとけ》や仏像も見つかっている。

その点では仏教遺跡であるということにもなるが、さらに時代を遡る弥生時代の銅鐸《どうたく》の断片も発見されている。そこでは仏教が渡来する以前の時代から祭祀が行われていたことが示されている。

ここで興味深いのが、経塚が発見された場所の状況である。ゴトビキ岩は側面が傾斜しているために、透き間ができやすい。どの経塚も、そうした透き間から発見されている。

平安時代の経塚で経筒を納める際に、あるいは弥生時代に銅鐸を奉納する際に、どういった祭祀が営まれたか、それを知る手立てはない。けれども、巨岩が作り出した透き間は、祭祀を営むにはふさわしい空間なのである。

神倉神社の御燈祭では、火が信仰の対象となっている

私がこの神倉神社を最初に訪れたのは昭和五四（一九七九）年のことで、まだ大学院の修士課程に在籍していた。

その頃、世界中の学生や若い研究者に絶大な影響を与えていた人類学者のヴィクター・ターナー氏が来日し、研究室の先輩が彼を案内することになった。たまたま当時の宗教学研究室のメンバーのなかに、新宮市にあるプロテスタント教会のアメリカ人牧師の息子がいた。そのため、毎年二月六日に行われる神倉神社の「御燈祭《おとうまつり》」に、ターナー氏夫妻を案内することになった。私もそれについていったのだ。ターナー氏は、中央アフリカのンデンブ族の調査を行った経験を持っており、旅の途中、乗換駅のホームで、ンデンブ族の踊りを披露してくれたのが印象的だった。

この御燈祭は、もともとは旧暦の一月六日に行われていたというから、正月の儀礼である。祭に参加できるのは男子だけで、女性はその日、山中に入ることもできない。参加者は一週間にわたって精進潔斎《しょうじんけっさい》して、御燈祭に臨むことになる。

祭の装束《しょうぞく》は白づくめである。白襦袢《じゅばん》に白鉢巻《はちま》きをしめて、やはり白い頭巾《ずきん》をかぶり、手甲脚《てっこうきゃ》絆《はん》を身につける。腰には荒縄を巻き、その格好で速玉大社などの市内の宗教施設を参拝してからゴトビキ岩のところまで登っていく。

山頂には二〇〇〇人近い男たちが集まり、祭の開始を待っている。御燈祭は、大人になるための「通過儀礼」としての役割も果たしており、小さな子どもも親に連れられて山頂まで登ってきている。男たちのなかには、すでに酒を飲んでいる者もいて、喧嘩が起こったりもするの

御燈祭

神倉神社で行われる御燈祭。終盤には鳥居が火の海に浮かぶ。勇壮な火祭りとして有名だ。御燈祭の祭礼に参加できるのは男子に限られ、参加者は一週間前から精進潔斎を続けなければならない。（写真提供／新宮市観光協会）

で、あたりは一種異様な緊張感に包まれる。祭の参加者は「上がり子」と呼ばれる。

やがて神社のなかで火が鑽《き》り出され、それが境内の興奮をいやが上にも高めていく。火は大きな松明《たいまつ》に移され、いったんは山の中腹にある中ノ地蔵堂と火神社があるところまでもっていかれ、そこで火の神に祈願が捧げられる。

それが終わると、大松明は神倉神社の境内に戻され、上がり子たちはその火を各自がもっている小さな松明に移す。境内のなかは、たくさんの火で明るくなるが、松明からはもうもうと煙が上がるので、暑くてまた煙たい。

柵はいったん閉められ、上がり子たちは松明をもったまま境内に閉じ込められた形になる。狭い空間なので、押《お》し合い圧《へ》し合いの状況になる。そして、時間になって柵が開かれると、男たちは一斉に石段を駆け下りていく。柵の前に陣取っていた若者たちは、一番先に下まで掛け下りていこうとして競い合う。

上がり子たちが急な石段を松明をもって駆け下りていくため、そこには火の奔流が生み出される。それは、龍の形に似ていることから、「下り龍」とも称される。カメラでその光景を撮影すれば、まさに火の龍が下っていくように映るはずだ。

麓《ふもと》では、火をもって駆け下りてきた上がり子たちを、町の女たちが待ち受けているようだが、私たち見物人は、祭の参加者がすべて降りてから下にたどり着いたので、その光景を目撃することはできなかった。

ターナー氏は、この祭には強い感銘を受けたようで、その後、「新宮・神倉神社におけるお燈祭り」という論文を執筆している（ターナー、山口昌男《やまぐちまさお》編『見世物の人類学』三省堂）。

私にも、この御燈祭は強烈な印象を残した。単純な祭で娯楽性には乏しいものの、火が用いられるということで、それは祭の参加者だけではなく、見物人も興奮させる。

日本には、火を用いた火祭りというものが実に多い。世界にも火祭りがないわけではないが、火そのものが神聖視されるような祭はほとんどない。そこに、日本の祭りの特徴を見出すことができるし、さらには、日本人の宗教観の特徴を見出すことができる。重要なことは、火のような自然物がそのまま信仰の対象となっていることだ。

火というものには、浄化の働きがあると考えられている。したがって、正月行事のなかには、どんど焼きのように、正月の飾りなどを燃やす儀礼が含まれている。

近世に完成されたと考えられる熊野についての歴史書、『熊野年代記』では、御燈祭の起源を、神武天皇が東征したおりに、熊野へ導いた高倉下命《たかくらじのみこと》が、その際に松明を掲げていたことに求めている。

果たしてそこにどういった歴史的な事実が反映されているのか、それは確かめようがないが、単純で素朴な火祭りには、たしかに古代的な雰囲気が漂っている。

岩と火の組み合わせは、『古事記』の天の岩屋戸こもりにも見られる

新宮の神倉神社において見られる岩と火ということから連想されるのが、『古事記』に記された天照大御神《あまてらすおおみかみ》（『日本書紀』では天照大神）の天の岩屋戸こもりの物語である。

天照大御神は皇室の祖先神であるが、太陽を神格化したもので、その点で、そもそも火ということと深く関連している。

天照大御神の弟にあたるのが須佐之男命《すさのおのみこと》だが、須佐之男命は亡き母である伊邪那美命《いざなみのみこと》のいる

根の国（黄泉《よみ》の国）に行きたいとだだをこね、天照大御神のいる高天原《たかまがはら》まで登ってきた。二つの神は、そこでお互いに悪心を抱いていないことを証明するため、誓約《うけい》を行う。須佐之男命は、それによって自分に対する疑いが晴れたと、数々の乱暴な振る舞いに及んだ。

そこで天照大御神は、弟を恐れて、天の岩屋戸のなかに入り、そこにこもってしまった。太陽が隠れたのだから、神々の世界である高天原も人の住む葦原中国《あしはらのなかつくに》も、ともに真っ暗になってしまった。

困った神々は、天の岩屋戸の前にある天の安《やす》河の河原に集まり、大騒ぎをして、天照大御神の関心を引くことにした。好奇心にかられた天照大御神が岩屋戸を少しだけ開けると、神々は鏡を差し出す。そこには天照大御神自身の姿が写っている。ますます不思議に思って天照大御神が身を乗り出すと、力持ちの天手力男神《あめのたぢからをのかみ》がその手を引き、岩屋戸から引き出す。これで、高天原にも葦原中国にも光が戻ったのである。

この物語には、一日が終わると太陽が沈み、夜が訪れるということや、日蝕《にっしょく》の経験が反映されていると思われるが、神が岩のなかにこもるという点は注目される。

『古事記』には、その前に、天照大御神と須佐之男命の母である伊邪那美命が亡くなってから赴いた黄泉の国の物語が出てくる。その夫である伊邪那岐命《いざなぎのみこと》は妻を取り戻そうと黄泉の国に乗り込んでいく。

天岩戸神社の天安河原
西本宮から岩戸川を 500 メートルほど遡った所にある河原。日本神話に登場する岩戸隠れの際に八百万の神々が集まって相談した場所であると伝えられている。

伊邪那美命は夫に、黄泉の国にいる間は自分の姿を見てはならないと申しつけた。ところが、夫はその約束を破ってしまい、醜女《しこめ》たちに追われる。伊邪那美命も追ってきて黄泉の国から追い出されてしまうが、伊邪那岐命は妻がそれ以上追ってこないよう、巨大な「千引《ちびき》の岩」で、黄泉の国へとつながる黄泉比良坂《よもつひらさか》をふさいでしまう。これによって、生者の世界と死者の世界は隔てられることになった。

天の岩屋戸については、各地にこれこそがという場所がいくつも存在している。代表的なものは、宮崎県の高千穂《たかちほ》にある天岩《あまのいわ》戸《と》神社であるが、その奥には仰慕窟《ぎょうぼがいわや》という洞窟があり、その前の部分が天安河原《あまのやすがわら》と呼ばれている。ただし、そこは、現在では小さな石が積み重ねられていて、地獄へと通じる賽《さい》の河原の様相を呈しており、神道の信仰というよりも、仏教の信仰に近い状態になっている。

神倉神社のゴトビキ岩のように、岩自体が神聖視されている場合もあるが、神聖な空間や神話の物語に共通しているのは、巨大な岩が作り出す透き間、空間が重要な意味をもち、そこが祭祀の場となっていることである。

そして、岩によって閉じられた空間は、伊邪那美命が赴いた黄泉の国のように、私たちが日々の暮らしを送っているのとは違う異界であり、異世界を構成している。

『古事記』において、黄泉の国がはっきりと地下にあるとされているわけではないが、黄泉比良坂を下っていくという点で、地下にあるものと考えることができる。そこには、死者を土中に埋葬する土葬の風習が反映されているものと考えられるが、『古事記』では、黄泉比良坂は出雲国の伊賦夜坂《いふやざか》のことだとされている。そこを実際に訪れてみれば、大きな石が置かれているが、巨大な岩というほどではない。

一方で、神々の住まう高天原は天にあるとされている。それは、日本の神道に限られないことで、どの民族においても、神は天にあるものとされている。

神々が天に居るのであれば、その天に向かって祭祀を行うべきである。ところが、多くの場合、古代の祭祀は岩陰で行われていた。陰で行うということは、天の神々から見られないように、わざとその姿を隠して祭祀を行っていると見ることさえできる。

それは矛盾している。ただ、その後の神道の展開を考えてみると、岩陰で祭祀を行ったことには重要な意味があったように思えてくる。

神道の世界においても、やがて恒常的な施設として神社の建物が建てられるようになる。大神神社や神倉神社のように、山や岩がそのまま御神体となり拝殿しか建てられない場合もあるが、たいがいの場合には、拝殿とともに、神が常在するとされる本殿や正殿も併せて建てられるようになる。

本殿や正殿は、基本的に閉じられた空間であり、前の章で述べたように、その内部には鏡などの依代《よしろ》がご神体として祀られている。小さな社《やしろ》の場合には、勧請《かんじょう》した神の札が祀られていたりする。

どの場合にしても、その神社に祀られる神は、閉じられた空間のなかに封じ込まれるような形になっている。

その形は岩陰で祭祀が行われたときと共通する。岩陰も閉じた空間であり、神々に対して祭祀が行われる場合、神はそこに封じ込められるのである。

依代は、あくまで神が一時的に宿る仮のもので、神そのものではない。その点では、依代があるかどうかよりも、閉じられた空間、つまりは何もない空間が重要だとも言える。神道における祭祀とは、何もない空間を作りだし、そこに神を封じ込めることで営まれるものであると定義することもできる。

ここにもまた、「ない宗教」としての神道の本質が示されている。姿形をもたない神を祭祀の対象として祀り上げるためには、閉じられた空間という装置が不可欠なのである。

だからこそ、日本人は神に祈るというときに、キリスト教の信者とは異なり天を仰いだりはしないのかもしれない。日本人は、ホームランを打ったアメリカの大リーグの選手や、ゴールを決めたヨーロッパのサッカー選手のように、天を仰ぐしぐさを見せることがない。

イスラム教の場合には、その世界の中心にはカーバ神殿という閉じられた空間がある。カーバとはアラビア語で立方体を意味するが、まさにカーバ神殿は立方体の建物で、毎年一度、巡礼月には、そこに黒い大きな絨毯が掛けられる。神殿の隅には、イスラム教が誕生する以前から黒曜石が埋め込まれ、巡礼者がそれに触れようとするので、神社のご神体のようにも見える。ただし、黒曜石《こくようせき》は格別神聖なものとはされていない。偶像崇拝を徹底して禁止するイスラム教では、神は姿形をもたないもので、世界に遍在していると考えられている。

こうしたイスラム教のカーバ神殿のあり方は、神道と大きくは隔たっていない。ただし、イスラム教における閉じた空間がカーバ神殿に限られるのに対して、神道ではそれが神々の数だけ存在している。

イスラム教は、たった一つだけの閉じられた空間をもつ宗教であり、神道には無数の閉じられた空間がある。一神教と多神教をそうした形で区別することもできるが、キリスト教には、イスラム教のような閉じた空間はない。

それでも、近代に聖母マリアが出現したフランスのルルドなどは、洞窟であり、出現した場所は岩陰である。岩に対する古代的な信仰は、どの宗教においても、こうした形で甦ってくる可能性を有していると考えることができるのである。

第4章

日本の神道は創造神のない宗教である

日本神話では天地を創造した主体が不在である

そもそも古代の日本人の信仰がいかなるものなのか。それはひどく分かりにくい。

たとえば、縄文時代には数多くの「土偶《どぐう》」が作られた。土偶には、さまざまな形があり、造形としてユニークなものであるために、岡本太郎《おかもとたろう》をはじめ現代の芸術家にも刺激を与えてきた。

土偶は、わざと壊れやすく作られていて、実際完全な形で出土したものは少ない。その点で、何らかの身代わりとして制作された可能性が高い。

だが、土偶が作られ、壊された本当の意味が何なのか、それはまだつきとめられていない。

縄文時代には、文献資料が存在しないわけで、その背後にある信仰の実態がつかめないからだ。最近では、土偶は植物の形を象《かたど》っているという新説も提起されている。土偶のなかには、あるいは宇宙人と思われるようなユニークな形をした遮光器《しゃこうき》土偶というものがあるが、人類学を研究する竹倉史人《たけくらふみと》氏は、それが根茎類《こんけいい》の形をもとにしているとしている。実際、人類学の父と称されるジェームズ・フレーザーは、植物霊に対する信仰が人類に普遍的なものであることを証明しようと試みた。たしかに、土偶の多様性は、植物がとる多様な形に対応したものかもしれない（竹倉『土偶を読む―130年間解かれなかった縄文神話の謎』晶文社）。

弥生時代になると、埴輪《はにわ》が作られるようになる。埴輪は、古墳のような墳墓《ふんぼ》から発見されており、葬送儀礼との関連は明らかだ。それでも、埴輪はあくまで現実に存在する人や家、馬や舟などを描き出したもので、そのなかに、埴輪を祀った人間たちが信仰の対象としていたような神を象ったものは見出せない。その点で、植輪は信仰対象ではなかった可能性が浮上する。

第2章で取り上げた沖ノ島や大神神社での古代における祭祀となると、その際に、須恵器《すえき》や勾玉《まがたま》、鏡などが用いられていることが、発掘の結果明らかにされている。だが、祭祀の対象となった神がいかなる存在としてとらえられていたのかという点になると、よく分からない。日本の神話を物語った『古事記』や『日本書紀』の成立は八世紀になってからのことで、沖ノ島や大神神社での祭祀は、四世紀、あるいは三世紀にまで遡る。神話よりも祭祀の方が古いのだ。

古代の日本人は、どんな神を信仰していたのか。祭祀が行われた岩陰に出現した神の実態は必ずしも明らかではないのである。だが、その神が、一神教の世界、キリスト教やイスラム教の世界で信仰される唯一絶対の創造神でないことだけは間違いない。

沖ノ島の祭祀において、古代の祭司たちの前に、突如、この世を創造した神があらわれ、祭司とのあいだで契約を結んだというような、旧約聖書のモーセにまつわる奇跡的な出来事が起こっていたという想像もしてみたくなるが、残念ながらその痕跡を見出すことはできない。

『古事記』の冒頭においては、「天地《あめつち》初めて発《ひら》けし時、高天原に成れる神の名は、天之御中主《あめのみなかぬしの》神《かみ》、次に……」という形で、次々と神々が立ち現れてくる状況がつづられている。

最初に出現したのは天之御中主神だが、この神は天地の創造神というわけではない。天地はすでにあり、しかも天之御中主神は、何もしないまま消えてしまう。それは、その次に生まれた高御産巣日神《たかみむすひのかみ》や神産巣日神《かみむすひのかみ》も同様で、どちらも早々に身を隠してしまうのだ。

それに続いて生まれた神々についてもやはり同じで、ほとんどは何もしないまま身を隠すか、ただ成ったとされるだけである。ようやく、伊邪那岐命と伊邪那美命があらわれた段階になって、まだ身を隠していない天津神《あまつかみ》のことばに従って、日本列島の島々を生む作業に手がつけられる。

これが創造神話の一種であることは間違いない。この物語の成立が、『古事記』にまとめられる以前、どれだけ時代を遡るもので、いつから語られるようになったかは非常に興味深い問題だが、残念ながら、これも確かめようがない。

一般に、神話と儀礼とはセットになっていて、神話をシナリオにして儀礼が演じられることになるが、古代の祭祀のなかに、この日本型創造神話を下敷きにしたと思《おぼ》しき儀礼が存在したかどうかは、今の時点では明らかにされていない。

ただ一つ、その可能性が示唆されているのが、沖ノ島における祭祀の場合である。これは、国文学者で民俗学者の益田勝実《ますだかつみ》氏が提起した説である。

沖ノ島では、第2章でもふれたように、祭祀を行う場所が変化していくが、五世紀後半から七世紀にかけて岩陰で祭祀が営まれていた時代のものとして七号遺跡がある。

この遺跡からは、金銅製の馬具や金製の指輪、盾《たて》、刀剣、矛《ほこ》などの武器が出土している。こうしたものは、当時かなり貴重なものであったはずだが、祭祀が終わると、すべて打ち捨てられ、戦後に発掘調査が行われるまで、長くそこに放置されていた。一旦、祭祀に使われた道具は、別の祭祀では決して用いられないということだが、そこに惜しげもなく貴重な品々が投入されたということは、いかにそこで営まれた祭祀が重要なものだったかを示している。

益田氏は、この出土品の状況から、そこでは、『古事記』に記された天照大御神と須佐之男命とが高天原で対峙し、誓約を行ったときの場面が、儀式として演じられたのではないかという仮説を唱えたのである（益田勝実『益田勝実の仕事〈４〉秘儀の島』ちくま学芸文庫）。

　これは相当に大胆な仮説である。私の場合には、大学時代に益田氏の講義を受講していて、そのときにこの話を聞き、大胆な仮説に興奮を覚えたことを記憶している。八号遺跡でも、同じ儀礼が営まれた可能性がある。となれば、誓約の場の再現は毎年、あるいは何か重要なことが起きた年にくり返されたことになる。益田氏は、『古事記』の方が祭祀よりも時代的に新しいため、それを仮説の弱点のようにとらえている。だが、神話が口伝されていたとするなら、それにもとづいて沖ノ島での祭祀が営まれたと見ることができる。

　このように、日本でも神話と儀礼が密接に結びついていた可能性があるわけだが、日本の神話全体を考えたとき重要な事柄は、最初に天地を創造した主体が不在だという点である。天地はいきなり出現している。神々が次々と生み出されていく舞台となった高天原という空間も、いつの間にか出現している。

　ユダヤ教ではトーラー、キリスト教では旧約聖書の冒頭におさめられた「創世記」で、「初めに、神は天地《てんち》を創造された」と記され、この世界を創造する主体としての神がまずもって存在していたことが示されている。神は天地創造の前から存在していた。ところが、日本の神話では、神々の創造は天地が生まれた後に起こったとされている。しかも、「国生《くにう》み」という形で、日本の国土が創世される過程は記されているものの、天地そのものがいかに創造されたか、それについては何も語られていないのである。

現代の科学においては、宇宙の創造にかんして「ビッグバン説」が有力である。宇宙は無の状態から忽然として出現し、そこから爆発的な膨張を続けてきたとされている。その膨張は今も続いている。

このビッグバン説は、創造主を想定せず、無の状態から宇宙が生み出されてきたとする点で、ユダヤ・キリスト教の創造神話を否定している。そのために、アメリカのプロテスタント福音派などは、ビッグバン説を否定し、公立の学校でそれを教えることに反対している。ただ、日本版の創造神話では、宇宙を創造した主体が想定されていないので、ビッグバン説とは抵触しない。

そうした問題はともかく、創造神話の東西比較から浮かび上がってくることは、日本の神道は、「創造神のない宗教」だという点である。ここにも、「ない宗教」としての神道の本質が示されている。

神道では、唯一神ではなく、無数の神が祀られている

国学者の本居宣長《もとおりのりなが》は、『古事記』を読み解くなかで、神々が成るという側面に注目した。こ

の点を改めて問題にしたのが政治学者の丸山眞男《まるやままさお》氏で、日本人の歴史の古層に、この「なる」の原理があることを強調した。それは、創造神という主体を想定する欧米の世界観、歴史認識とは根本的に異なっているというのである（丸山眞男『忠誠と反逆―転形期日本の精神史的位相』ちくま学芸文庫）。

なぜ西洋の一神教の世界において絶対神による創造という行為が想定されたのに対して、日本ではそれがなされなかったのか。それは、神道という宗教の本質を探る上で極めて重要な問題である。

一神教の世界において、創造神は絶対的な存在であり、だからこそ神はただ一つであるとされる。この世界を創造した神以外に、それに匹敵する存在はあり得ないのだ。

これに対して、創造神のない神道の世界においては、神は絶対的な存在でもなければ唯一でもない。八百万《やおよろず》の神々と言われるように、無数の神々が祀られている。後の時代になると、人をその死後に神として祀る慣習さえ生まれ、神の数は現代でも増え続けている。

一神教の源流はユダヤ教にある。そのユダヤ教がどのように成立したのかについては、意外に説明が難しい。というのも、ユダヤ教は、ユダヤ人という民族に固有の「民族宗教」であり、その点では神道と共通しているものの、一神教の確立をもってユダヤ教が成立したというとらえ方もなされており、その点では一般の自然発生的な民族宗教と性格が大きく異なるからである。

　そこには、ユダヤ人の作り上げた国家が必ずしも安定せず、国家が分裂したり、「バビロン捕囚」のように国を追われて異国での生活を強いられたりという事態が起こったことが関係している。

　そうした状況におかれたユダヤ人を統合するためには、その象徴として信仰の対象となる絶対的な神が求められた。しかも、ユダヤ人の苦難の歴史は古代にとどまらず、中世においても続き、さらには近代においても、ナチスによるユダヤ人の大量虐殺など、その過酷さは増していった。それもあり、ユダヤ人としてのアイデンティティーを確保するには、唯一絶対の神を信仰の対象とするユダヤ教の存在が不可欠だったのである。

　これに比較すれば、神道を信仰する日本人は、国を失うといった苦難に直面することがなかった。中世には蒙古襲来のような出来事も起こるが、それを除けば異国の侵略を受けることもなかった。

　後は、太平洋戦争末期に、沖縄が戦場になり、大都市は軒並みアメリカ軍による空襲を受けた。広島・長崎には原子爆弾が落とされ、敗戦後は、アメリカを中心とした連合国によって占領された。しかし、日本政府は存続し、占領は数年で終止符が打たれた。この時期、日本がアメリカの植民地になったというわけではない。少なくとも、異国の勢力によって国土を蹂躙《じゅうりん》されるという経験をしてはいない。宗教改革以降のヨーロッパのように、血で血を洗う宗教戦争が長く続いたこともない。

渡来した仏教にしても、それは明確な創造神話をもたない宗教であり、その点で神道に影響を与えたわけではない。

では、創造神が作り上げたわけではない世界は、どうやってその連続性を確保してきたのだろうか。

宣長は、「なる」とともに「つぐ」ということに注目した。『古事記』に記された神話は、神々の物語から代々その地位を受け継いでいく天皇の物語へと発展していく。天照大御神を祖神とする天皇の連続性ということが、神道においては重視されている。

天皇という存在は、不思議なものである。それは、他の国なら国王、ないしは皇帝と呼ばれるべき存在のはずである。

ところが、日本では王朝の交替という、どこの国でもある事態が起こっていない。南北朝の分裂、両統迭立《りょうとうてつりつ》という時代はあったものの、それも例外的な現象であった。

宣長は、日本以外の国では、主《きみ》が定まっていないので、ただの人間が王となり、王がまたただの人間になるという出来事が起こるとする。その際に、王の位を奪おうとして失敗した者が「賊」と呼ばれ、反対に成功した者が「聖人」とされる。要は、聖人も賊が成り上がった者にすぎないというのだ。

これに対して、日本の天皇は、賤しい他の国々の王とは根本的に異なっている。この国を生んだ神によって授けられた皇統《こうとう》に属しており、最初から、天皇によって統治される国と定まっているというわけである。

その上で宣長は、「大御神の大命《オホミコト》にも、天皇悪《アシ》く坐《マシ》まさば、莫《ナ》まつろひそとは詔《ノリ》たまはずあれば、善《ヨ》く坐サむも悪《アシ》く坐サむも、側《カタハラ》よりうかゞひはかり奉ることあたはず」と述べている。天照大御神が、天皇が悪をなしたときには、それに従うなと述べているわけではないので、天皇が善をなしても、悪をなしても、その位を横から奪おうなどとするべきではないというのだ。

そして宣長は、王朝の交代がなく、皇統が国を生んだ神に遡るがゆえに、日本は他の国より優れていると主張した。こうした宣長の主張は、中国や朝鮮に受け入れられたわけではないが、死後の弟子となった平田篤胤《あったね》に受け継がれ、さらに、明治政府に参画した国学者や復古神道家にも共有された。

天皇とはいったいどういう存在であるのか。これもまた、神道の本質を考える上で、つねに念頭においておかなければならない重要な課題なのである。

第5章

神社の社殿はいつからあるのか

紀元前から社殿が建てられていたという社伝には、信憑性がない

日本最古の神社建築はいったいどこにあるのか。その創建はいつのことなのか。これは、神道の歴史を考えはじめれば、必ず念頭に浮かんでくる問いである。

ところが、この問いに対しては明確な答えがない。たとえ神道の専門家であっても、この問いには答えられない。神社建築の起源は、実は曖昧なのである。

たとえば、前にも紹介した岡田莊司編『日本神道史』では、「古代の律令期以降、つぎつぎと神社神殿が創建されていったと推定されるが」と述べられている。この部分を書いたのは編

者の岡田氏である。岡田氏は長く國學院大學神道文化学部の教授をつとめてきた神道研究の第一人者だが、そうした人物でさえ神社建築の起源については、「推定されるが」という形で、はっきりと答えてくれてはいないのだ。

それぞれの神社には、「社伝」というものがあり、そのなかでは創建の時期についても明らかにされている。そうした社伝によれば、もっとも古い神社は、茨城県鹿嶋《かしま》市にある鹿島《かしま》神宮だということになる。鹿島神宮は常陸国一之宮《ひたちのくにいちのみや》で、律令制のもとでは官幣大社《かんぺいたいしゃ》の社格を与えられた。全国の鹿島神社の総本社ともされてきた。

鹿島神宮の社伝によれば、その創建は神武天皇元年のことだったとされている。神武天皇は神話上の人物だが、これは西暦で言えば紀元前六六〇年頃に相当するとされている。また、『常陸国風土記』では、大化《たいか》五(六四九)年に、鹿島神宮を含めた三つの社があわさって、「豊香島《とよかしま》の宮《みや》」と名づけられたと記されている。この記述が正しいなら、七世紀前半には鹿島神宮には社殿が存在したことになる。

社殿の造営についてもっとも古い記述は、熊野本宮《くまのほんぐう》大社についてのものである。その社伝によれば、創建は崇神《すじん》天皇の時代であったとされる。歴史学者の井上光貞《いのうえみつさだ》氏は、崇神天皇は実在の可能性が高い最古の天皇であるとしたが、一二〇歳まで生きたとされており、神話的な存在であるとも言える。『古事記』や『日本書紀』では、その在位は紀元前九七年から二九年までとされている。

他の神社についても、社伝では、紀元前の段階で創建されたというところが少なくない。第2章でふれたように、『日本書紀』の垂仁《すいにん》天皇二五年の条では、天照大御神を祀る場を求めていた倭姫命《やまとひめのみこと》が、近江、美濃を経た後、伊勢国五十鈴川《いすずがわ》のほとりに祠《ほこら》を立てたとされている。これが、伊勢神宮の内宮である皇大神宮《こうたいじんぐう》の創建を意味している。

伊勢神宮の社殿にかんしてもっとも古い記録は、平安時代初期の延暦《えんりゃく》二三（八〇四）年に伊勢神宮からそれを所轄する神祇官《じんぎかん》に提出された『皇大神宮儀式帳』である。そこでは、今日の社殿にかなり近い形で記載されている。ただし、現在の社殿の両脇にある太い棟持柱についての記述はない。

このように、それぞれの神社の社伝などでは、はるか昔、紀元前の時代から社殿が建てられていたかのように述べられている。だが、果たしてそれは信憑性のあるものなのだろうか。『日本書紀』や各国の風土記の記述は、神話の時代についてのものは、そのまま事実として受け入れるわけにはいかない。

では、現存する神社建築として、もっとも古いものはどれなのだろうか。

その建物は、国宝にも指定されているが、あまりその存在は知られていないかもしれない。それが宇治の平等院の近くにある宇治上《うじがみ》神社の本殿である。この建物は平安時代中期の一一世紀後半の建立《こんりゅう》とされている。拝殿も古く、鎌倉時代前期の一三世紀のもので、やはり国宝に指定されている。拝殿としてはもっとも古いものの一つとされている。

本殿は全体が覆屋《おおいや》におおわれ、そのなかに内殿となる三棟の本殿が鎮座している。土間床で、内殿にのぼるための高欄《こうらん》のついた木の階段が二つ続いてあり、二つの階段のあいだには透格子が設けられている。その形式は、「一間社流造《いっけんしゃながれづくり》」と呼ばれる。なお、流造はもっともポピュラーな神社建築の様式である。

日本最古の仏教寺院は六世紀末に創建された法興寺

日本では、六世紀前半に仏教が伝えられて以来、土着の神道と外来の仏教がともに信仰されてきた（その実態については、拙著『神も仏も大好きな日本人』ちくま新書を参考にしていただきたい）。

神道の方は、開祖も、宗祖も、教義も、救済もなく、「ない宗教」というところにその特徴がある。それに対して、仏教の方は、開祖も、宗祖も、教義も、救済の手立ても備わった「ある宗教」である。このない宗教とある宗教との複雑な関係については、本書でも折りにふれて論じていかなければならないが、仏教寺院の方は、いつ創建されたかが明確になっている。そ

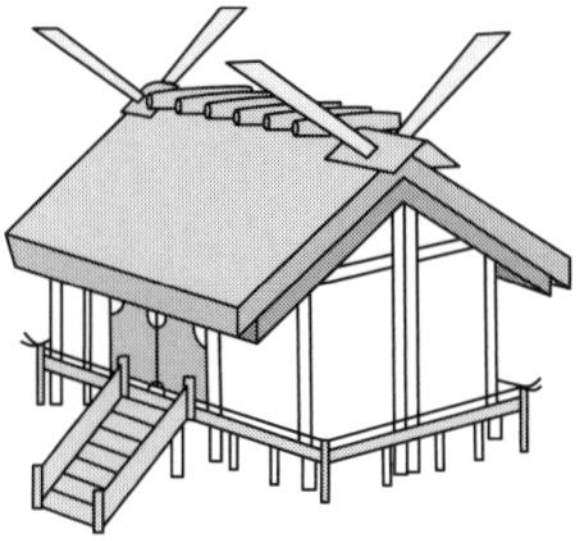

神明造
もっとも古い形の寺社建築様式のひとつ。切妻造で屋根の流れる方向に入り口のある平入。奥行きより横幅が広く、高床式の倉庫から発展したものと考えられている。代表例は伊勢神宮正殿。

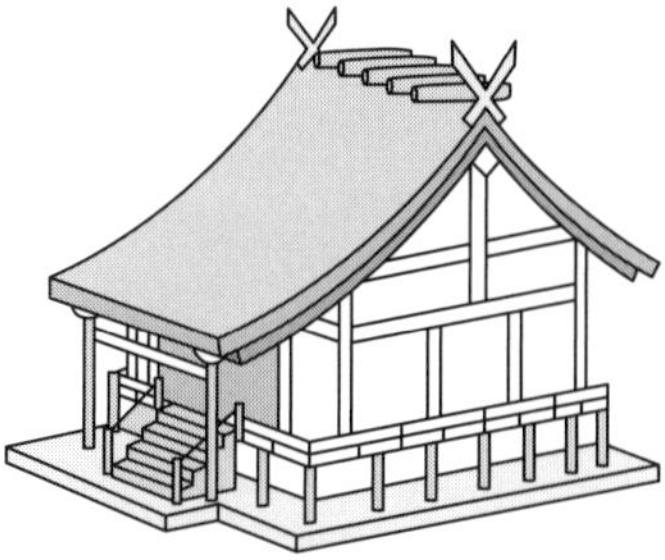

流造
平入で切妻造の屋根の入口側が長く伸びた形。多くの神社で見られる普遍的な様式。代表例は宇治上神社（現存する最古の神社建築。国宝）。

の上、相当に古いものが残されている。

日本最古の寺院は法興寺《ほうこうじ》である。これは豪族の蘇我《そが》氏の氏寺《うじでら》として六世紀末から七世紀初頭に飛鳥《あすか》（現在の奈良県高市郡明日香村）に創建された。この寺は、発掘調査の結果、中心に五重塔をおき、その三方を中金堂、東金堂、西金堂が囲む「一塔三金《いっとうさんこん》堂式《どうしき》」の壮大な伽藍《がらん》を形成していたことが明らかになっている。

法興寺は、飛鳥寺と名を改めて現存し、本尊としては、飛鳥大仏とも呼ばれる釈迦《しゃか》如来像《にょらいぞう》が祀られている。この仏像は七世紀はじめに作られたもので、日本最古級のものとされるが、補修され当初の姿をとどめていないとされてきた。ところが、最近の調査では、顔の部分などはほとんど原型をとどめているともされ、話題にもなっている。ただし、飛鳥寺には、かつてのような壮大な伽藍は残されていない。

現存する最古の仏教建築は法隆寺金堂《ほうりゅうじこんどう》である。この建物がいつ建てられたかについては、聖徳太子が建立《こんりゅう》した時代か、それとも天智《てんち》九（六七〇）年の火災以降の時代かで論争があったが、焼失した伽藍の発掘調査も行われており、七〇八年からはじまる和銅《わどう》年間に再建されたという説が有力である。

どちらにしても、法隆寺金堂は木造建築としては世界最古のもので、よくぞ現在まで残っていると言える。戦後の昭和二四（一九四九）年には火災で、金堂内の壁画が甚大な被害を受けたが、その際に建物は解体修理中で難を免れた。

八世紀のものとしては、最近解体修理された天平《てんぴょう》二（七三〇）年建立の薬師寺東塔《やくしじとうとう》がある。このように、仏教建築の場合には、古いものが今に伝えられ、創建についてもかなりはっきりした年代が明らかになっている。その点で神社建築とは状況がまったく違う。

その差は、仏教と神道との信仰形態の違いに求められる。神道では、祭祀が中心であり、とくに初期の時代においては、屋外で祭祀を行うのが基本だった。その点については、第2章でふれた。屋外で祭祀を行うのが本来のあり方だとすれば、そもそも社殿は不要である。

それに対して、仏教の場合、仏像を本尊として安置するために、どうしても建物が必要になる。あるいは、薬師寺東塔のような五重塔の場合には、釈迦の遺骨である仏舎利《ぶっしゃり》をおさめたストゥーパ（仏塔）からはじまるものである。

仏教では、釈迦の時代には、各地を説法してまわっていたため、住む建物を必要としなかったが、釈迦の死後は、仏教の修行者は仏塔の周囲で生活するようになり、そこに伽藍が生まれた。そうなると、修行者が生活し、教えを学び、儀式を営むために各種の建物が必要になった。その点で、仏教の信仰を広め、それを定着させる上で、建築物は是非とも必要なものだったのである。

『日本書紀』や『続日本紀』にも神社創建の記載がない

最古の神社建築は、すでに述べたように、京都の宇治上《うじがみ》神社になるわけだが、それが日本で最初の神社建築であるとは考えられない。それ以前に、神社の建物は存在したはずである。『日本書紀』やその続編である『続日本紀《しょくにほんぎ》』といった正史を見ると、飛鳥時代から奈良時代にかけての記事のなかに、神社の創建について述べたものは見出せない。伊勢神宮の式年遷宮は、内宮の場合、持統《じとう》天皇四（六九〇）年からはじまったとされるが、実は、『日本書紀』にはそのことが出てこない。

最古の神社建築　宇治上神社本殿

『日本書紀』やそれに続く『続日本紀』では、寺院の創建や、伽藍《がらん》の建設についてはふれられている。おまけに、神社の境内に設けられた神宮寺《じんぐうじ》の創建にも言及されている。

神社の創建にかかわると思われる記事になると、「高鴨神《たかかものかみ》を大和国葛上郡に祀る」（『続日本紀』天平宝字《てんぴょうほうじ》八［七六四］年）と述べられるだけで、社殿についての記載はほとんどない。わずかに、『日本書紀』の天武《てんむ》天皇一〇（六八一）年一月の条に、「己丑《つちのとのうしのひ》に、畿内《うちつくに》及び諸国《くにぐに》に詔《みことのり》して、天社《あまつやしろ》 地社《くにつやしろ》の神の宮を修理《をさめつく》らしむ」とあるだけである。

神社の創建は、各神社の社伝が伝えるように、飛鳥時代以前のはるか古代のことで、飛鳥時代にはすでに創建がなされていたと考えることもできる。だからこそ、修理の話が出てくるのだということになる。

だが、もし大規模な社殿の建設が行われていたとすれば、正史になんらかの記事が掲載されていたはずである。

この点を明らかにしてくれる史料として活用できそうなのが、絵巻物である。

絵巻物は絵を中心に、それを説明する文章を添えたもので、「巻子本《かんすぼん》」と呼ばれる巻き物の形をとっている。内容は物語であったり、神社仏閣の由来を説く縁起であったり、宗祖を中心として高僧伝であったりするが、最初の絵巻物は奈良時代の『過去現在因果経絵巻』である。

ただこれは例外的なもので、絵巻物が本格的に作られるようになるのは平安時代末期になってからである。『源氏物語絵巻』、『伴大納言絵詞』、『信貴山《しぎさん》縁起絵巻』、『鳥獣人物戯画』が四大絵巻とされるが、いずれも平安時代末期に作られたものである。

こうした絵巻に神社の社殿が描かれているなら、当時の状況を明らかにすることができるはずである。しかし、神社の社殿が描かれることはほとんどない。

唯一の例外が『信貴山縁起絵巻』である。この絵巻物は、「山崎長者巻《やまざきちょうじゃ》」、「延喜加持巻《えんぎかじ》」、「尼公巻《あまぎみ》」の三つに分かれている。

そのうち尼公巻は、信濃国《しなののくに》の尼公という女性が、東大寺の大仏のお告げで、弟と再会を果たす物語である。この巻には、治承《じしょう》四（一一八〇）年の南都焼き討ちにあう前の大仏の姿が描かれており、その点で貴重なのだが、そのなかに尼公が村人に弟の消息を尋ねている場面があり、そこには二本の木のあいだに祀られた小さな社の姿が描かれている。これは、神社建築というよりも、屋敷神《やしきがみ》のような小祠である。

これとは異なり、立派な社殿が描かれているのが、一遍上人《いっぺんしょうにん》が各地を遊行したときの様子を描いた『一遍聖絵《ひじりえ》（一遍上人絵伝）』である。

一遍は文永《ぶんえい》一一（一二七四）年から遊行《ゆぎょう》をはじめ、亡くなったのは正応《しょうおう》二（一二八九）年のことだった。高僧の絵伝の場合、死後かなり時間が経ってから作られるものが多いが、『一遍聖絵』は、一遍の死後から一〇年しか経っていない正安《しょうあん》元（一二九九）年に作られている。しかも、詞書《ことばがき》を記しているのは一遍の弟、ないしは甥と言われる聖戒《しょうかい》である。聖戒は、一遍に同行しているし、『一遍聖絵』を作るにあたっては、一遍を祖とする時宗《じしゅう》の僧侶である時衆《じしゅう》や絵師を伴って、一遍が遊行したところを改めて回っている。したがって、そこに描かれた光景は、一遍が実際に目にしたものと考えられる。

そのうち、神社の社殿が描かれているものとしては、石清水《いわしみず》八幡宮、熊野三山、そして厳島《いつくしま》神社がある。石清水八幡宮や厳島神社の社殿は、現在あるものに近い。

熊野三山のうち、熊野本宮大社は熊野川の中州にあったため、明治二二（一八九〇）年の水害で被害を受け、現在地に移ってきたので、『一遍聖絵』に描かれたものは、かつての社殿の姿を伝える貴重なものである。熊野速玉《はやたま》大社と那智大社の社殿は現在とほぼ同じである。『信貴山縁起絵巻』と『一遍聖絵』のあいだには、およそ一〇〇年の歳月が流れている。時代は、平安時代から鎌倉時代に変わった。

宇治上神社の本殿は、『信貴山縁起絵巻』の成立よりも早い平安時代中期のものとされる。ただ、現在では覆屋《おおいや》におおわれているものの、なかの三棟の社殿はそれほど大きなものではない。『信貴山縁起絵巻』の小祠よりも少しは大きいが、とても現在一般的な神社の社殿の規模には達していない。

となると、私たちがイメージする本格的な神社の社殿が建てられるようになるのは、鎌倉時代に入ってからのことではないかとも考えられる。ただ、絵巻物は『過去現在因果経絵巻』を除くと、平安時代末期になるまで作られていない。したがって、その時代の神社の社殿については確かめようがないのだが、おそらく、大規模な社殿はその時代にはまだ存在しなかったのではないだろうか。それが、「ない宗教」としての神道の施設にふさわしいように思われる。

第6章

「ない宗教」と「ある宗教」との共存

仏教伝来以来、一四〇〇年にわたり神道と平和的に共存してきた

「ない宗教」としての神道にとって、「ある宗教」としての仏教との出会いは決定的に重要な意味をもった。外来の仏教は、土着の神道と併行して信仰されていくが、両者は複雑なかかわりを見せていき、日本における宗教のあり方を根本的に規定することとなった。

仏教が公式に日本に伝えられたのは、欽明《きんめい》天皇一三（五五二）年とも、宣化《せんか》天皇三（五三八）年、ともされている。この時、百済《くだら》の聖明王《せいめいおう》から仏像や経論《きょうろん》などが贈られた。ただし、この年代はいずれも確かなものとは言えず、史料によって異なるし、そこに矛盾があったりして、は

っきりとは決めがたい。

もっともこれは、仏教の公式の伝来である。それ以前の時代にすでに朝鮮半島との交流は行われるようになっており、仏像なども日本にもたらされていたと考えられる。

仏教を公式に伝えられたときの天皇は、各種の史料では、欽明天皇であったとされている。『日本書紀』によれば、贈られた仏像を見た欽明天皇は、「西蕃《にしのとなりのくに》の献《たてまつ》れる仏の相貌端厳《かほきらぎら》し。全《もは》ら未だ曾て有らず」と、感動のことばを残したとされている。隣国からもたらされた仏像の顔には威厳があり、これまで見たこともないものだったというのである。

欽明天皇は古墳時代の天皇である。それまでの日本は縄文時代や弥生時代を経てきたわけだが、そうした時代の宗教美術と言えば、土器や土偶、埴輪などである。そうしたものに比較して、仏像がはるかに洗練されたものとして受け取られたことは間違いない。

欽明天皇に贈られた仏像は現存しないが、その姿を想像させる百済からの金銅仏《こんどうぶつ》が残されている。それが、現在では東京国立博物館で所蔵され、展示されている「法隆寺献納宝物《けんのうほうもつ》」に含まれる金銅仏の数々である。最初これは、法隆寺から皇室に献納されたもので、明治に入って財政的に苦しい状態におかれた法隆寺が、下賜金《かしきん》を求めてのことだった。金銅仏の高さは三〇センチほどで、そのなかには朝鮮三国時代の六～七世紀のものも含まれている。

ただし、仏教が伝えられた当初の段階では、仏は「蕃神《ばんしん》」、「今来《いまき》の神」としてとらえられていた。つまり、異国の神と見なされていたわけである。そのため欽明天皇は、豪族たちに対して、仏という新しい異国の神を受け入れるべきかどうかを問うた。

この問いに対して、蘇我氏を率いる蘇我稲目《そがのいなめ》は、朝鮮半島で仏教が信仰されている状況を踏まえ、日本でも信仰すべきだと進言した。

一方、蘇我氏とは対立関係にあった物部氏の物部尾輿《もののべのおこし》は、異国の神を礼拝するようになれば、日本の神が怒るであろうと、仏教を受け入れることに反対した。この時代には、神は恐ろしいものとされ、丁重に祀らなければ祟《たた》ると信じられていた。

そのため、二つの豪族は仏教の受容の可否をめぐって対立し、それが武力衝突にまで発展したと言われている。それが事実なら、これは日本で最初の「宗教戦争」ということになる。ただし、物部氏の本拠である河内の国の渋川郡には渋川廃寺《しぶかわはいじ》という寺院跡があり、物部氏も仏教を信仰していた可能性がある。実際には、仏教の導入の是非をめぐって宗教戦争は起こらなかったのではないだろうか。

少なくとも、それ以降、近代になり、「神仏分離」に伴って起こった「廃仏毀釈《はいぶつきしゃく》」まで、神道と仏教とが対立関係に陥ることはなかった。つまり、その伝来以来、ほぼ一四〇〇年の長きにわたって、両者は平和的に共存してきた。しかも、「神仏習合《しんぶつしゅうごう》」ということばがあるように、両者は融合し、お互いを支えあう関係を築いていった。

世界の宗教では、土着の民族宗教との平和的共存は生まれなかった

こうした宗教の平和的共存という事態は、世界史的に考えると、かなり珍しい。

たとえば、ヨーロッパにキリスト教が広まることで、各地域にあった土着の民族宗教は駆逐されていった。キリスト教の教会の側が、それを積極的に推し進めたからである。それでも、第1章で見たように、ヨーロッパの民族宗教の冬至の祭が、イエス・キリストが誕生したことを記念するクリスマスとしてキリスト教の枠組みのなかに取り入れられた事例もある。だが、中世末期からの「魔女狩り」などは、キリスト教会による土着の信仰を否定する動きの延長線上に起こったことである。

それはイスラム教が浸透した地域でも起こっている。イスラム教は、偶像崇拝を徹底して否定するため、それが浸透した地域においては、民族宗教は偶像崇拝として否定され、一掃されてしまった。

キリスト教にもイスラム教にも、「聖人崇敬《せいじんすうけい》」があり、元は人である聖人が信仰の対象にもなっていたりしており、それは、キリスト教やイスラム教が土着の民族宗教を取り込んだところに成立したと見ることもできる。だが、キリスト教やイスラム教といった一神教が、多神教

である民族宗教と平和的に共存するという事態は生まれなかった。

キリスト教やイスラム教といった世界宗教に土着の民族宗教が取り込まれることで、そこには「シンクレティズム（諸教混淆《しょきょうこんこう》）」という事態が生まれた。日本の神仏習合も、このシンクレティズムの一つの形態として考えることはできる。だが、神道と仏教の場合には、どちらかがもう片方を圧倒するという状態にはならなかった。それは、キリスト教やイスラム教といった世界宗教が民族宗教を飲み込んでしまったという事態とは根本的に異なっている。

神道は「ない宗教」、仏教は「ある宗教」だから衝突がなかった

明治に入ってからの廃仏毀釈の背景には、明治新政府が出した「神仏判然令《はんぜん》」という政策の影響があるが、その時点で、神道と仏教とを分離することが可能だったのも、両者は習合しつつも、それぞれがかなりの独立性を保っていたからである。

これは注目に値する事態である。それ以降、神道と仏教は独立した宗教として新たな歴史を積み重ねていくこととなった。現在のヨーロッパで、キリスト教と民族宗教とを分離しようとしたとしても、民族宗教はすでに形を失っており、一つの独立した宗教として活動を続けることは不可能である。

その点で、神仏習合を単純にシンクレティズムの一形態として考えるわけにはいかない。神仏習合は一〇〇〇年以上にわたって続き、その伝統は、神仏分離と廃仏毀釈《はいぶつきしゃく》を経た現代にも受け継がれている。神道と仏教は、それぞれ一定の独立性を保ちつつ、お互いに深く相手の世界に浸透し、相手の信仰体制を強化する役割を果たしてきた。

それも、神道が「ない宗教」であるのに対して、仏教が「ある宗教」だからである。両者の性格に根本的な差異があるからこそ、衝突することなく共存が可能だったのだ。

しかも、その差異が、「ない」と「ある」というところに求められることが大きかった。ただ単に性格が違うというだけでは、そうはならなかったはずだ。「ない」と「ある」では、ぶつかりようがなかったのである。

もし、神道も「ある宗教」として、開祖や宗祖、教義や救済の方法をもっていたとしたら、同じく「ある宗教」としての仏教と激しく対立したであろう。しかも、仏教は、インドや中国の高度な文明を吸収して成立した宗教であり、複雑で体系化されている分、神道を圧倒していたはずだ。となれば、神道は仏教に完全に取り込まれてしまっていたことだろう。

逆に、もし仏教も「ない宗教」であったとしたら、日本人はそこに強い魅力を感じなかったことだろう。すでに自分たちには神道という「ない宗教」がある。新たに同じ性格をもつ仏教を取り入れる必要性を感じなかったに違いない。

その点で、「ない宗教」と「ある宗教」とは相性が抜群によかったのである。神道は、何でも揃っている仏教からさまざまな要素を取り入れ、その体系化を進めていくことができた。しかも、全面的に取り入れていく必要もなかった。ないものは必ず仏教にあり、それに依存すればよかったからである。

逆に仏教は、神道の世界にどんどんと浸透していくことができた。神道には、仏教にあるものがことごとく欠けていたため、どこまで深く浸透しても対立するということがなかったからである。

たとえば、教義という側面で考えてみれば、神道はもともと教義のない宗教である。後に教義の形成が進められたときにも、その作業を担ったのは、とくに中世の段階においては、主に仏教の僧侶たちであった。僧侶たちは、仏教の教えと対立せず、むしろ両者が協調できるような形で神道の教義を形成していった。神道の神々は仏教の仏がこの日本にあらわれたものだとする「本地垂迹説《ほんじすいじゃくせつ》」などは、その代表である。本地仏《ほんじぶつ》と垂迹神は、この理論を基盤として一体の関係で結ばれることになった。

しかも神道には、『古事記』や『日本書紀』といった神話があり、神々や人間が創造される過程を明らかにし、それが世代を超えて受け継がれていくことに強い関心を向けてきた。また、作物の栽培を守護する役割を果たすようになり、人々の日常の生活やその人生の過程に深く関与してきた。

それに対して仏教は、悟りを開いて仏になるということと亡くなって浄土に生まれ変わるということに共通性を見出し、両者をともに「成仏《じょうぶつ》」としてとらえたことで、人間の死の領域に深く踏み込んでいった。

神道では、死後の世界として黄泉の国の存在が想定されているが、それは生者の世界と地続きで、生の世界と死の世界とのあいだに決定的な断絶はない。ところが、仏教の浄土は、現実と断絶した場であり、理想化されている。

これによって、神道と仏教は、片方が生の領域に深くかかわり、もう片方が死の領域に深くかかわることで役割分担を行うことが可能になった。通過儀礼においても、出生や子どもの成長、結婚などにかかわるものは神道が担い、葬式から死後の供養などは仏教が担う体制が作られていった。

仏教が伝来した当初の段階で、実際にその受容をめぐって対立があったとしても、それがその後再燃されなかったのは、このように両者の役割分担が可能だったからである。

そして、近代に入って両者が別々の道を歩みはじめても、分担の構造に変化はなく、神道と仏教とは共存を続けてきたのである。

第7章

人を神として祀る神道

日本の神々は、「なる」神である

第4章で述べたように、神道においては唯一絶対の創造神というものが存在しない。その代わりに、「八百万の神」と呼ばれるように、数多くの神が祀られている。まさに神道は、多神教である。

ただ、『古事記』や『日本書紀』といった神話を考えてみた場合、そこに登場する神々の数は必ずしも多くはない。『古事記』上巻だと、二六七柱にのぼる。これには、同じ神の別名も含まれている。なお、神は「柱」を単位として数えられる。

一方、『日本書紀』の方では、一八一柱である。『日本書紀』は、本文といくつかの別の伝承である「一書《いっしょ》」に分かれており、本文には六六柱、一書には一一五柱登場する。『古事記』と『日本書紀』で共通する神の数は、本文で五六柱、一書で五六柱である。そして、一書に独自の神は五九柱である。『古事記』の二六七柱と、『日本書紀』一書独自の五九柱とをあわせると三二六柱となる。さらに、『古事記』の中巻でも、一柱の神が新たに登場するので、それをあわせると全部で三二七柱となる（別冊歴史読本『日本古代史「記紀・風土記」総覧』新人物往来社を参照）。

では、そうした神道の神々は、いったいどうやって、どこから生まれてきたのだろうか。一神教の神なら、天地が創造される以前から存在し、創造という営みに主体としてかかわっていく。それに対して、日本の神々は最初から存在するものではない。第4章でも述べたように、それは「なる」神であり、いつの間にか生み出されていた。とくに最初にあらわれた神々は、その時点では何の営みもしないまま消えていった。

伊邪那岐命《いざなぎのみこと》と伊邪那美命《いざなみのみこと》が国生みを行ったあとにも、次々と神々が生み出されていった。たとえば、これも第4章でふれた、古代の沖ノ島で演じられた可能性がある天照大御神とその弟須佐之男命が対峙した場面は、両者がお互いに邪《よこしま》なこころを抱いていないことを誓ったことから、「誓約《うけい》」と呼ばれるが、その際に多くの神々が生み出されている。

まず、天照大御神が須佐之男命の剱《つるぎ》を受けとって、それを噛み砕くが、そのとき吹き出した息の霧からは、宗像大社《むなかたたいしゃ》で祀られる宗像三女神が生まれた。この三女神のうち、市寸島比売《いちきしまひめの》命《みこと》（『日本書紀』では市杵嶋姫命《いつくしまひめのみこと》）は沖ノ島にある宗像大社の辺津宮《へつのみや》に祀られている。

またこのとき、須佐之男命は天照大御神から珠《たま》を受け取り、やはりそれを噛み砕くと、吹き出した息の霧《きり》から、正勝吾勝勝速日天之忍穂耳命《まさかつあかつかちはやひあめのおしほみみのみこと》、天之菩卑能命《あめのほひのみこと》、天津日子根命《あまつひこねのみこと》、活津日子根命《いくつひこねのみこと》、熊野久須毘命《くまのくすびのみこと》の五柱の神々が生み出された。

このように、『古事記』や『日本書紀』には、神々が生み出されていく過程について述べられているわけだが、日本で祀られている神々のすべてがこうした古代の神話に根拠をもっているわけではない。

たとえば、現在、日本で最も数が多い神社が八幡《はちまん》神社である。これまで何度かふれた『日本神道史』の編者である岡田莊司國學院大學名誉教授の調査によれば、全国にある神社本庁傘下の神社のなかで、八幡神社は七八一七社にのぼる。二位は伊勢信仰にまつわる天照大御神を祀る神社である。その名称は、神明神社、皇大《こうたい》神社、天祖《てんそ》神社、大神宮《だいじんぐう》などと多様で、その数は四四二五社である。これと比較して、八幡神社は、ダントツの一位ということになる。

八幡神社の祭神は八幡神であり、別名は誉田別尊《ほむだわけのみこと》である。誉田別尊は、応神天皇の別名、和風諡号《しごう》であり、八幡神と応神天皇は習合している。

こうした性格をもつ八幡神であるからには、神話のなかに登場するように思われるが、実はそうではない。はじめて宇佐《うさ》の地にその姿をあらわしたのは、欽明天皇三二（五七一）年のこととされているが、それを伝えているのは宇佐神宮の社伝である。

八幡神がはじめて文献史料に登場するのは『続日本紀』においてである。天平九（七三七）年の項目において、朝廷は伊勢神宮をはじめ、各地の神社に奉幣《ほうへい》を捧げるが、そのなかに「八幡」も含まれていた。これが現在の宇佐《うさ》神宮のことである。

八幡神が歴史の表舞台にはじめて登場するのは、奈良東大寺に大仏が建立されたときのことである。宇佐の八幡神は、「われ天神地祇《ちぎ》を率い、必ず成し奉る。銅の湯を水となし、わが身を草木に交えて障《さわ》ることなくなさん」という託宣《たくせん》を下した。わたしはあらゆる神々を率いて、この事業が必ずやりとげられるようにするというのである。

そして、大仏が鋳造《ちゅうぞう》された直後の天平勝宝元《てんぴょうしょうほう》（七四九）年一二月に、女性の禰宜《ねぎ》を依代《よりしろ》とした宇佐の八幡神は、紫の輿《こし》に乗って東大寺の転害門《てんがいもん》を通って東大寺に入った。これによって八幡神は、大仏を守護する神としての地位を獲得する。梨原宮《なしはらのみや》に神殿が造営され、そこに宇佐から八幡神が勧請《かんじょう》された。これは、後に大仏殿の南東に遷《うつ》され、今日の手向山《たむけやま》八幡宮となる。

それからおよそ二〇年後、宇佐の八幡神の託宣が国家を揺るがす事件も起こる。それが、「宇佐八幡宮神託事件」と呼ばれるもので、皇位に就くことをねらった僧侶の弓削道鏡《ゆげのどうきょう》は、宇佐八幡から彼を皇位につければ天下が安泰になるという託宣を得たと言い、それを根拠に、皇位に就くことを訴えた。ところが、和気清麻呂《わけのきよまろ》が、改めて宇佐八幡に参拝して、それを否定する内容の託宣を得てきたことから、道鏡のたくらみは失敗に終わった。

この事件にかんしては、果たしてそれが事実なのかどうか疑問も寄せられている。道鏡は女帝の称徳《しょうとく》天皇の寵愛《ちょうあい》を受けたともされるが、僧侶では跡継ぎを作ることができない。だが、少なくとも当時の宇佐八幡に皇位の継承を決定する力があると考えられていた点は重要である。宇佐八幡は、歴史の舞台に登場するや否や、それだけの力を示すまでになった。神々にも、人間と同様に、立身出世ということがあったことになる。

八幡神にかんしては、まず、応神天皇の神霊とされることによって、天照大御神に次ぐ皇祖《こうそ》神《しん》と位置づけられるようになる。道鏡は皇位に就けなかったが、その事件にかかわった八幡神は、道鏡以上に出世を果たしたことになる。

しかも、八幡神は、最初、宇佐地方の渡来人が祀っていた神であり、朝鮮半島から日本にやってきた。そうした渡来人の神が、応神天皇と習合し、天照大御神に次ぐ第二の皇祖神とされたことは、極めて注目される事柄である。なぜそうしたことが起こったのか、そこには謎がある。

さらに、源氏《げんじ》の祖になる清和《せいわ》源氏が、八幡神を氏神としたことで、八幡神は武家の神、武門の神として広範な信仰を集めるようになる。鎌倉時代から室町を経て江戸時代まで武家による幕府が続いたことで、八幡神への信仰はさらに広がっていく。八幡神は宇佐から京都の石清水八幡宮に勧請され、さらには鎌倉の鶴岡八幡宮に勧請された。勧請という手段は、神についての信仰を広める上で極めて重要な役割を果たした。

その上、大仏を守護するために上京した直後の天応《てんおう》元（七八一）年には、八幡神に「八幡大《はちまんだい》菩薩《ぼさつ》」の神号を贈られている。これによって、神仏習合の傾向が強まっていくなかで、八幡神は重要な役割を果たすようになる。一時期、仏像の影響で神像が作られたことがあったが、神像の代表に「僧形八幡神像《そうぎょうはちまんしんぞう》」と呼ばれるものがある。これは、八幡神がその身を脱するために出家して仏道修行にいそしんでいる姿をあらわしたものである。さらに、八幡大菩薩の本地仏を阿弥陀如来とする信仰が広まったことも、その存在を広く知らしめることにつながった。

八幡神は、広範に信仰を集めていき、第二の皇祖神にまでのぼりつめていくが、その由緒は神話には遡《さかのぼ》らない。忽然《こつぜん》と歴史の舞台にあらわれたという印象さえある。にもかかわらず、人々はこの神を信じた。国家事業としての大仏建立を助けようとしたという点が、好感を持たれたのであろうか。

人が神として祀られるケースも少なくない

もう一つ、これは忽然とあらわれるというのとは異なるが、神が出現するプロセスとして類例が少なくないのが、人が神に祀られるというケースである。

日本の民俗学の創始者である柳田國男《やなぎたくにお》には、「人を神に祀る風習」という論文がある。これは、大正一五（一九二六）年一一月に『民族』という雑誌に発表されたものだが、その冒頭で柳田は、次のように述べている。「かつて我々の間に住み、我々とともに喜怒哀楽した人たちを、その死後一定の期間を過ぎ、もしくは一定の条件の下に、おおよそ従来の方式に遵《したご》うて一社の神に斎《いわ》い、祭り拝《おが》みかつ禱《いの》るということが、近い頃までの日本民族の常の習わしであったことは、これを認めない者はないであろう」（『柳田國男全集』ちくま文庫、六四五頁）。

柳田は、こうした風習が日本に特有のものであると考えた。注目されるのは、その事例を紹介するとき、柳田が八幡神を中心としていることである。それは、必ずしもこの風習が八幡信仰から生まれたことを意味するわけではないが、八幡神がその信仰の形成にもっとも貢献したことが理由になっている。

柳田は、人が八幡神として祀られた具体的な例をあげている。若宮《わかみや》八幡には源《みなもとの》頼朝《よりとも》・義経《よしつね》の兄で豪勇で知られた悪源太義平《あくげんたよしひら》が、新田《にった》八幡には新田義貞の次男で南朝の復興に尽力した新田義興《よしおき》が祀られている。こうした例は戦国時代にもっとも多く、殺された勇士が祟《たた》りをなすと、それで神に祀られたという。

柳田は、八幡神だけではなく、天神《てんじん》や天満宮《てんまんぐう》として祀った例についてもふれているが、そもそも天満宮は、人を神として祀ったところに生まれた神社にほかならない。

天満宮の祭神は菅原道真《すがわらのみちざね》である。道真は平安時代の貴族であり、学者、あるいは漢詩人としても知られた。道真は、宇多《うだ》天皇や醍醐《だいご》天皇に重く用いられ、右大臣にまで昇進する。ただ、当時は藤原氏が権勢をふるっており、学問の家に生まれ育った道真が天皇に重く用いられたことに、嫉妬する人々が少なくなかった。しかも、自らの娘が嫁いだ親王を天皇として即位させようとする陰謀に加担した可能性もあり、太宰権帥《だざいのごんのそち》として太宰府に左遷され、そこで失意のうちに亡くなってしまう。太宰権帥は、左遷された公家のポストだった。

ところが、道真の死後、政敵であったともされる藤原時平《ときひら》をはじめ、皇子や皇太孫《こうたいそん》が次々と亡くなり、清涼殿《せいりょうでん》に落雷があって死者が出る事態にまで発展した。醍醐天皇はこの落雷事件に衝撃を受け、それで亡くなったともされた。そのため、これは道真の祟りだという声があがり、道真の怨霊《おんりょう》は、雷神《らいじん》とも習合して北野天満宮に祀られることとなった。

その後、祟り神としての側面は後退し、道真が学者であったことから、学問の神として信仰を集めるようになる。

　こちらは、天満宮よりも時代が遡るが、奈良の桜井市にある談山《だんざん》神社は、藤原氏の祖、藤原鎌足《かまたり》を祭神として祀っている。これは、祟りによって祀ったものではなく、その遺徳《いとく》を顕彰《けんしょう》するためのもので、同様のものとしては、飛鳥時代の歌人、柿本人麻呂《かきのもとのひとまろ》を祀った柿本神社が西日本を中心として各地にある。

　近世においては、天下統一をなしとげた豊臣秀吉《とよとみひでよし》が豊国《とよくに》神社に祀られた例がある。また、豊臣氏を破って徳川幕府を開いた徳川家康《とくがわいえやす》も、死後に、その遺骸はいったんは駿府《すんぷ》の南東にある久能山《くのうざん》に埋葬されたものの、すぐに日光に移され、東照大権現《とうしょうだいごんげん》として祀られる。このように権力者を死後に神として祀る慣習は近代にまで受け継がれ、明治天皇が亡くなった後には、明治神宮が創建され、そこに皇后とともに祭神として祀られている。ほかに、乃木《のぎ》神社や東郷《とうごう》神社など、軍人を祀った神社が創建されている。

　靖国神社の場合にも、幕末に亡くなった志士を祀ったことからはじまって、対外戦争における軍人や軍属の戦没者を英霊として祀っている。その数は、二四六万六〇〇〇柱を超えている。

　こうした神社も、故人の遺徳を顕彰するために創建されたものである。とくに近代に生まれたものは、国威発揚を目的としており、神道が近代日本のナショナリズムと密接な関係をもっていることを示している。

反対に権力に対して反抗した人物が神として祀られている例としては、宗吾霊堂《そうごれいどう》の場合がある。これは、義民として知られる佐倉《さくら》宗吾の霊を祀ったもので、千葉県成田市の真言宗寺院、東勝寺の境内にある。

ごく最近のものとしては、作家の阿佐田哲也《あさだてつや》（色川武大）氏が、伏見稲荷《ふしみいなり》大社の背後にある稲荷山のなかに「阿佐田哲也大神」として祀られている。これは、新日本麻雀連盟が建立したもので、毎年四月には例祭も行われている。阿佐田氏が麻雀小説を書いているからである。

令和四（二〇二二）年九月には、凶弾に倒れた安倍晋三元首相の国葬（国葬儀）が行われ、これは議論を呼んだが、戦後最初に行われたのは、吉田茂《よしだしげる》元首相の国葬だった。吉田は死後カトリックの洗礼を受けているが、浄土宗の戒名も授かっている。さらには、大磯の旧吉田茂邸内にある七賢堂に神としても祀られている。

七賢堂《しちけんどう》は、最初の総理大臣であった伊藤博文《いとうひろぶみ》邸である滄浪閣《そうろうかく》に造営されたもので、三条実美《さんじょうさねとみ》、岩倉具視《いわくらともみ》、木戸孝允《きどたかよし》、大久保利通《おおくぼとしみつ》の霊を祀り、四賢堂と称していた。伊藤の死後には、伊藤も合祀《ごうし》され、五賢堂となり、戦後、吉田が自らの邸にこれを遷座《せんざ》した。遷座後は、西園寺公望《さいおんじきんもち》が合祀され、吉田も合祀されて七賢堂となった。安倍元首相についても、長野県の安倍神像神社（白樺神社）にすでに祀られている。

人を神として祀る際に制約はなく、いくらでも増殖していく

人を神として祀るにあたっては制約はなく、また、どこかから許可を得る必要もない。その点では、いくらでも神は増殖していくが、一定の信仰を集めるには、それなりに説得力をもつ由緒がなければならない。

こうして八百万の神々は、時代が進むにつれて、その数を増やしてきた。国内にある神社の数は、現在、多くの神社を包括している神社本庁に属するものだけでおよそ八万社あるとされ、それ以外を含めると一一万社に及ぶとされている。

一つの神社には、祭神は一つではなく、複数祀られていることが多いし、境内には摂社や末社などがあり、そこにも多くの神が祀られている。その点では、いったいどれだけの数の神が全国で祀られているのか、その総数を把握することは困難である。

それも、神々が次々と増えていくからで、分霊《ぶんれい》や勧請によって、一つの神が無限に増殖していく。そこには、神道に独自の原理が働いている。

他の宗教においても、人を神に祀る風習に近いものがある。それが、キリスト教やイスラム教に見られる聖人崇敬である。それは、殉教《じゅんきょう》をしたり、生前に宗教者としてめざましい活躍を

した人物が、死後に俗人とは区別される聖人として祀られるものである。一神教の世界では、聖人が神としてとらえられるわけではないが、そのあり方は日本の神々に限りなく近い。

その点で、聖人崇敬が無闇《むやみ》に拡大されて、正統的な信仰を損なうことを畏《おそ》れるのか、キリスト教のカトリックでは、教会の側が誰を聖人として祀るか、その主導権を握っている。聖人を認める手続きが定められ、聖人として認めるための儀式として「列聖《れっせい》」が用意されている。その点は、日本において神を祀る場合とは異なっている。日本では、制限はいっさいないのである。

第8章

神道は意外にイスラム教と似ている

イスラム教では神の像は造られず、ムハンマドの姿も描かれない

イスラム教は、キリスト教についで世界で二番目に信者が多い宗教である。最近では、キリスト教がヨーロッパで大幅な教会離れを起こし、日曜日のミサも高齢者しか参加しなくなった。南米では、ブラジルを中心に、カトリック教会はプロテスタントの福音派・ペンテコステ派に信者を奪われている。都市化の影響が大きく、共同体のない都市ではカトリック信仰が力を失うが、そこには、カトリック教会の聖職者の性的虐待の問題もあり、全体に退潮している。

それに対して、イスラム教はその勢力を拡大しており、復興の動きも活発である。現在、イスラム教徒が多いのは、東南アジアや南アジアで、インドネシアが信者の数としてはもっとも多い。そうした国々では、人口の増加が著しく、それにつれてイスラム教の信者も増えている。西ヨーロッパの諸国には、イスラム圏からの移民も多く、「ヨーロッパのイスラム化」が進行しているという指摘さえなされている。

ところが、私たち日本人にとって、イスラム教はなじみのない宗教である。それも、日本国内には、まだイスラム教徒の数が少ないからである。しかも、多くは外国から来た人々で、日本人のイスラム教徒となると、イスラム教徒と結婚した者にほぼ限られる。その数は、一万人程度と推計される。海外からやってきたイスラム教の数も二〇万人を超える程度である。

イスラム教徒は信仰に熱心であるとされ、イスラム教圏ではどの人間も一日五回の礼拝を欠かさないというイメージが広がっており、無宗教を標榜する日本人からすれば、どうも理解が難しいというのが本音である。

だが、この本のテーマになっている神道と比較してみると、イスラム教を理解するための鍵が見えてくる。というのも、案外この二つの宗教のあいだにはさまざまな面で共通性が見られるからである。

そもそも、イスラム教でも神道でも、神を祀るということがもっとも重視され、それがすべての中心に位置づけられている。

もちろん、イスラム教のアッラー（これは神を意味するアラビア語の普通名詞）は唯一絶対の創造神であり、神道において信仰の対象となる八百万の神々とは性格が異なる。一神教と多神教では、そもそも神のあり方が根本的に違う。

けれども、原田敏明《はらだとしあき》という宗教学者が、日本で信仰される神に一神教的な性格があることを指摘したことがあった。この説については、かつて拙著『日本人の神はどこにいるのか』（ちくま新書）で紹介したことがある。原田氏は、「氏神《うじがみ》と氏子《うじこ》」（『宗教と社会』東海大学出版会）という論文のなかで、日本の各村で祀られている氏神は、氏子の祖先というわけではなく、地縁的なものであることを指摘している。

氏神は氏子にとって絶対の神で、「至上神でもあり、唯一神でもある」といい、「この意味では氏子は氏神の選ばれたものであり、神の子でもあって、それ以外のものの介入を許さず、むしろ極めて排他的な性格を持ち、独占的なものである」と指摘している。

これは、まるで一神教の神について説明しているような文章だが、原田氏はさらに、「かくて氏子の生活はすべて氏神の加護のもとに営まれ、この氏神中心の氏子の生活をほかにして、別に宗教生活もなく、氏神への奉仕もない。氏神を祀ることが日常の生活の政りごとでもある」と述べている。

それぞれの神社には特定の祭神が祀られている。八幡神社なら八幡神が、稲荷社なら稲荷神が祀られている。しかし、私たちがそうした神社に参拝したとき、祭神の違いを格別意識することは少ない。むしろ、特定の神ではなく、神一般に対して礼拝しているという感覚の方が強いのではないだろうか。その点で、原田氏の指摘は傾聴に値するものであるように思われる。

イスラム教は、宗教の分類としては「創唱《そうしょう》宗教」、「世界宗教」に入り、ムハンマドという開祖がいる。ムハンマドに下された啓示は、その死後「コーラン」という聖典にまとめられる一方、ムハンマドの言行、これは「スンナ」と呼ばれるが、「ハディース」にまとめられ、コーランと並ぶ聖典《せいてん》に位置づけられている。開祖がいて教義があり、それが聖典となっているわけである。

さらに、イスラム教ではギリシア哲学の影響を受けながら高度な宗教哲学が発展を見せ、その全盛時代には、キリスト教の哲学や神学を質的な面ではるかに凌駕《りょうが》していた。また、神秘主義も発展をしており、それは、仏教の密教と比較することができる。その点で、イスラム教は、神道よりも仏教に近い。イスラム教も、仏教と同様に「ある宗教」である。

けれども、その半面、イスラム教には、神道と共通する「ない宗教」としての側面が多々見られる。

まず、イスラム教では、偶像崇拝を徹底して禁じており、神の像が造られることはない。ムハンマドについても、イスラム教の初期の時代にはその姿が描かれていた。ところが、次第に、ムハンマドの顔は描かれなくなり、顔の部分はのっぺらぼうのような描かれ方をするようになる。近年では、欧米で、イスラム教を揶揄《やゆ》するような風刺画が描かれたりしているが、イスラム教徒の感覚では、それは偶像崇拝に通じる許し難い行為なのである。

神道では、一時、仏教の影響で神像が造られた。第7章でふれた僧形八幡神像がその代表である。八幡神については、八幡大菩薩と仏教化されたこともあり、神像は多い。ほかにも男神像や女神像が造られたことはあった。

しかし、基本的には、神像が積極的に造立されたわけではなく、やがてその作例も少なくなっていった。とくに近代に入って神仏分離が推し進められてからは、神像はほとんど造られていない。神道の神も、姿形をもってはいないのである。

イスラム教の礼拝施設であるモスクの場合、その内部には、「キブラ」と呼ばれるメッカの方角を示す目途《めど》として「ミフラーブ」と呼ばれる窪《くぼ》みがある。これは、あくまで方角を示すための目印にしかすぎない。これを含め、モスクの内部には神聖なものはいっさい存在していない。キリスト教会にある十字架は神聖なものとしてとらえられているが、モスクにはそうしたものはないのである。

それは、神道の古い形式において、祭祀が何もない岩の上や岩陰で行われたのと似ている。

神社の建物が建てられるようになっても、本殿にあるのは、依代《よりしろ》となる象徴だけである。それは、第3章で見たように、狭い空間のなかに閉じこめられている。そうした仕掛けが施されるのも、本来、神社の内部には神聖なものが存在しないからでもある。

イスラム教も神道も、聖と俗の世界の区別がない

もっとも重要なのは、どちらの宗教でも聖なる世界と俗なる世界の区別が存在しないということである。キリスト教では、神によって支配される聖なる世界とそれ以外の俗なる世界とが厳格に区別されているが、イスラム教にはその区別がないのである。

それは神道も同じで、仏教におけるあの世とこの世、浄土と現世のように、世俗の世界と異なる神聖な世界の存在が想定されているわけではない。死者が赴く黄泉の国も、現実の世界と地続きになっているし、決して理想化されてはいない。

聖なる世界と俗なる世界とのあいだに区別がない以上、イスラム教でも神道でも、厳密な意味での聖職者は存在しない。ここで言う聖職者とはキリスト教の神父や修道士、仏教の僧侶のように世俗の世界を捨てた人間のことである。

日本では、明治に入る時点で、僧侶の肉食妻帯が許され、次第に妻帯する僧侶が増えていっ

た。それによって独身を守る僧侶は例外的なものにもなっていったが、他の仏教国では、現在でも僧侶は独身を守るのが大原則である。

これに対して、イスラム教の指導者であるイマーム（導師）やウラマー（法学者）は、俗人であり、現世を捨てて出家したわけではない。それは、神道の神主でも同じである。

これは一般にはあまり認識されていないことだが、世界の宗教のなかで、出家が制度化されているのはキリスト教と仏教だけである。それもこの二つの宗教では、現実の俗なる世界とは根本的に異なる聖なる世界の存在が前提となっているからである。

イスラム教では、神の力はあらゆるところに及んでおり、その点で、聖なる世界と俗なる世界とが区別されることはない。すべてが俗なる世界であるとも言えるし、すべてが聖なる世界であるとも言える。

それは、神道についても共通して言えることで、仏教のように、俗なる人間が修行をすることで成仏し、それで「聖化」されるという構造にはなっていない。そうした回路が存在しないからこそ、イスラム教でも神道でも、指導者は俗人のままで、世俗の世界を離れた生活を送ることにはならないのである。

両宗教とも礼拝の前に身の穢れを浄める場所がある

イスラム教においては、神を礼拝するという行為が中心であり、すべてはそれに尽きる。その際に重要なことは、礼拝を行う人間が自分の身を浄めることである。モスクには、礼拝の前にからだを浄めるための水場が用意されている。

また、ムハンマドの言行録である『ハディース』（その翻訳は中公文庫や岩波文庫におさめられている）はかなりの分量になるが、そのなかで重要視されているのは、ムハンマドが神に礼拝するときにいかにして身を浄めたかであり、それについての伝承が具体的に紹介されている。

日常の生活のなかでは、身が穢《けが》されることがある。ムハンマドの場合も、生涯にわたって俗人として生活し、しかも、アラブが一夫多妻の社会であったため、多くの妻を持っていた。そのため、性交をした後に礼拝することもあり、その際に身をどうやって浄めたかも『ハディース』に伝えられている。そうしたムハンマドの行動は、イスラム教徒にとっては規範となるもので、いかに身を浄めた上で礼拝を行うかが重要視されているのである。

一方、神道においても、精進潔斎《しょうじんけっさい》するということが、神を祀るときの前提になっている。神職は祭祀を行う前に、滝や川などで禊《みそぎ》を行う。

出雲大社の神職である出雲国造《いずものくにのみやつこ》（「いずもこくそう」とも）については、第10章で詳しくのべるが、かつての国造《くにのみやつこ》は、家族とは離れた生活を送り、国造であるあいだ灯し続ける神火《じんか》を使って自分で調理した食べ物だけを食べる。それも、家族のなかに死や血の穢《けが》れが生じて、それが清浄さを壊すことを畏れるからである。

一般の信徒でも、神社に参拝するときには、手水舎《ちょうずや》で口と手を浄め、禊をする代わりとしている。

このように、イスラム教と神道とは意外なほど似ている。どちらの宗教も、いかに神を祀るのかという問題を中心に組み立てられている点が、その根本的な原因になっている。

こうした両者の比較は、イスラム教と神道に対して新しい見方を示すことになるのではないか。重要なのは、イスラム教が決して、日本人にとって理解不能な異質な宗教ではないということである。

さらに、神道がイスラム教と類似した性格を持っているということは、神道に普遍性があることを意味する。要するに、どちらの宗教も、人々のあいだにある神への素朴な信仰を出発点に、それを組織化したものである。ただ、イスラム教においては、周辺に存在したユダヤ教やキリスト教の影響を受けたこともあり、ムハンマドという改革者、開祖があらわれたことに大きな違いがある。

もし、日本にもたらされた最初の外来の宗教が、同じ「ある宗教」でも、仏教ではなくイスラム教であったとしたら、その後の状況は随分と変わっていたことだろう。神道は、イスラム教と同じように神への信仰を軸においているために、より洗練され、体系化されたイスラム教に飲み込まれてしまったに違いない。

キリスト教についても、それが日本にもたらされたときには、すでに仏教が伝えられてから一〇〇〇年の歳月が過ぎており、神道は仏教と深く混じり合うことで、その存立基盤を固めていた。そのために、キリスト教が入ってきても、神道が飲み込まれてしまうという事態には至らなかった。フィリピンなどでは、仏教とヒンズー教どちらの影響も受けていなかったために、キリスト教がもたらされると、土着の信仰はそのなかに取り込まれてしまったのである。

ただ、類似の奥には当然、相違ということがある。

神の性格や開祖の存在はもちろん大きいが、聖職者ということを考えてみても、神道には「社家《しゃけ》」と呼ばれる家があり、特定の神社の神職が血縁によって受け継がれている。今はなくても、かつては社家が存在した神社は少なくない。出雲国造も、こうした社家の一つである。

村の祭祀なら、村人が当番でそれを担当すればいいが、歴史の古い大規模な神社になると、社家の存在が大きな意味をもってくる。イスラム教には、こうした社家は存在しないのである。

第9章

神主は、要らない

仏教の僧侶は修行を実践するが、神主は儀礼の執行者である

あらゆる宗教には、その宗教特有の儀式を司《つかさど》る専門の宗教家がいる。仏教なら、僧侶がそれにあたる。キリスト教のカトリックなら神父がいるし、プロテスタントには牧師がいる。そして、イスラム教には、前の章で述べたように、イマームとウラマーがいる。イマームは、モスクにおいて聖典のコーランを唱え説教を行う。ウラマーはイスラム法の法学者として、何がイスラム法にかなっているか、かなっていないかの判断を下す。

それに対して、神道には神主がいる。そして、代々神主をつとめてきた家は、社家と呼ばれ

る。

では、神道における神主のあり方には、どういった特徴があるのだろうか。神主は、「神職《しんしょく》」とも呼ばれる。いったい神職という存在はいかなる性格を持つものなのだろうか、神道の本質を考える上ではそれを問わなければならない。

神主がいるのが神社である。神社は、僧侶のいる寺院と一括して、「神社仏閣《じんじゃぶっかく》」、あるいは「寺社」と呼ばれる。

こうした呼び方があるということは、神社と寺院は共通した性格があると見なされていることを意味する。

実際、私たちが初詣に出掛けるというとき、ほとんど両者を区別したりはしない。

たとえば、東京で一番初詣客を集めるのが明治神宮である。正月三箇日に、明治神宮にはおよそ三〇〇万人の参拝者が訪れる。明治神宮は、明治天皇夫妻を祭神として祀る神社である。

東京に隣接した神奈川県の川崎市では、川崎大師《だいし》がもっとも初詣客が多い。川崎大師は通称で、正式には金剛山金乗院平間寺《こんごうさんきんじょういんへいけんじ》と言う。こちらは、真言宗智山《ちざん》派の大本山であり、仏教の寺院である。

この二つの宗教施設に初詣に出掛ける人たちは、神社と寺院の違いにさほど関心をもってはいないだろう。神道の信者だから明治神宮に行くというわけではない。仏教の信仰があるから

初詣でにぎわう明治神宮

川崎大師を選択するわけではない。東京の住民だから明治神宮を選び、川崎の住民だから川崎大師を選ぶのであって、神社か寺院かはそれほど重要視されていない。

だが、神社と寺院とではかなり性格が異なっている。その点は、神主と僧侶のあり方の違いに根本的な影響を与えている。

仏教の寺院では、本堂に本尊を祀っている。本尊は主に仏像であり、それは礼拝の対象になっている。寺の僧侶は、毎日、朝や夕方などにその本尊の前で読経し、お勤めを行う。

その点では、仏教の寺院は礼拝の場、祈願の場であるということになる。その点は、神社の場合にも変わらない。

だが、寺院では、礼拝や祈願だけではなく、ほかのことも行われている。寺院は、僧侶が修行を実践したり、学問の研鑽《けんさん》を行う場でもある。曹洞《そうとう》宗の総本山である福井の永平寺《えいへいじ》では、そこにいる修行僧たちの生活全体が修行としての意味合いをもっており、永平寺に入るのは、そもそも修行を実践するためである。また、昔の寺院は、今で言う大学の役割を果たしており、そこでは、仏教の教えを学ぶだけではなく、儒教の教えを学ぶようなこともあった。その点で、寺院はあくまで「人のための場所」である。

それに対して、神社の場合には、基本的に修行の場でもなければ、学問のための場でもない。神主は儀礼の執行者であり、その際には精進潔斎《しょうじんけっさい》はするものの、それは身を清めるために行うのであって、修行として行われるわけではない。神社において神道にかんする学問を究めていこうというような試みもなされない。神社において重要なのは、神が鎮座していることにあり、その意味でそこは徹底して「神のための場所」である。

小さな神社の場合は、神職が常駐していないのが普通である

その点で、人のための場所である寺院に僧侶がいなければ意味をなさないが、神のための場所である神社は必ずしも神主という人間を必要とはしていない。

住職と呼ばれる僧侶は寺院に住んでいる。そこは住職にとっての生活の場にもなっている。

それに対して、神主は一般的には神社に住んではいない。生活の場は、神社の外にある。ここでも、人のための場と神のための場は性格を異にしている。

そうした両者の違いは統計からもうかがえる。

文化庁編『宗教年鑑』令和四年版によれば、神社の総数は八万七〇七二社であり、神職の数は六万九〇七六人である。これに対して寺院の総数は神社より少なく八万三九八八カ寺だが、僧侶の数は三五万三六三五人にも及ぶ。

一つの神社あたりの神職の数は〇・七九人だが、寺院では四・二一人になる。一つの施設あたりの神職や僧侶の数は、圧倒的に仏教寺院の方が多い。ここには、神のための神社と人のための寺院の違いがはっきりと示されている。

寺院のなかにも、住職が常駐しておらず、近くの同じ宗派の僧侶が兼務しているようなところもある。

けれども、神社の場合には、多くの神職を抱える大規模なものがある一方で、小規模の神社の場合には、普段神職が常駐していないのが普通である。

神社では、一人の神職がいくつもの神社を兼務していることが多い。

神社本庁編『「神社・神職に関する実態調査」報告書』（二〇一六年）によれば、兼務している際にもっとも多いのが「五社以下」で四一・五三パーセント（二五七三人）である。以下、

「ない」が二〇・七四パーセント、「六～一〇社」が一七・六一パーセント、「一一～二〇社」が一三・二八パーセント、「二一～三〇社」が四・〇五パーセントとなっている。そして、なんと「兼務社五一社以上」という回答が〇・三四パーセント、二一人にのぼった。

こうしたことは、何も現代になって初めて起こった事態ではない。そもそも神社というものは祭祀のための場であり、祭祀のときにだけ祀り手がいればいいのである。ここにも、「ない宗教」としての神道の性格が示されている。

村にある神社、いわゆる「鎮守社《ちんじゅしゃ》」の場合だと、少なくとも近代以前には定まった神主などいなかった。祭祀を行うときには、村人が順番でそれをつとめた。「当番制」が基本だったのである。

村の神社にどこでも神主がいるようになったのは、明治時代になって、神社が国家の管理下におかれてからである。

村にある寺院の場合には、村人のための共同墓地を管理する責任があり、葬式を行ったり、年忌法要《ほうよう》などを執り行う必要があった。また、江戸時代には寺請《てらうけ》制度が敷かれ、村人の出生や死亡、結婚、旅行などを記録し、管理する役割も負わされた。そのためには住職という存在は不可欠である。こうした体制が作られたのも、住職に読み書きの能力が備わっていたからである。

ところが、村の神社にはそうした役割はない。祭司としての神主が必要となるのは、祭のときだけである。それは、村人が分担すればすむことだし、そもそも、氏神は氏子の信仰する神であり、氏子である村人が氏神を祀らなければ意味をなさないとも言える。

今から四〇年ほど前に、私は大学の研究室で行っていた村の宗教についての調査に加わり、山梨県内の山村に通ったが、正月の時期に行われるその村の祭を見ていて気づくことがあった。祭が始まるとき、最初に神主がお祓《はら》いをするのだが、神主の役割はそれだけで、以降の祭にはまったくかかわっていなかった。おそらく、村に神主が常駐するようになる以前には、神主によるお祓いなど行われなかったことだろう。少なくとも、この村にあるような小さな神社では、祭において神主は中心的な役割を果たしてはいなかったのだ。

現在では、神社に神主が常駐していることが当たり前になり、神道の儀式を執り行うことは、もっぱら神主に任されている。

けれども、神を祀ることを必要としているのは、専門の宗教家ではなく、一般の人間である。その点で、氏神を祀る責任は氏子にある。実際、全国各地で行われている祭で主役を演じるのは、神主ではなく、氏子の方である。京都の祇園祭《ぎおんまつり》などを考えてみればいい。

祭祀を司るには一定の作法があり、それに従わなければならない。だが、作法はそのやり方を知り、その通りに行えばよいもので、特別な修行など必要とはしない。仏教の儀礼、とくに密教の儀礼になれば、それを実践できるのは修行を重ねた僧侶に限られる。だが、神道の儀礼では、修行を重ねた専門の宗教家は必要とはされないのである。

僧侶はプロフェッショナルだが、神主はあくまでアマチュアである。僧侶はつねに僧侶だが、神主は祭祀のときだけ神主になる。僧侶がその姿のまま街中を歩いていることはよくある。だが、神主は神社から出るときに、普通の服に着替えるので、街中で出会うことはほとんどない。それほど両者の性格は異なっている。

中世では天皇が神社で祭祀を営み、神社の役割を果たした

話は中世に遡る。

歴史上の時代区分というものは、必ずしも固定的なものではなく、歴史学の進展によって変化していく。以前は、鎌倉幕府の成立をもって古代が終わり中世に入るという見解が支配的だったが、最近では、平安時代後期に院政が確立されてからを中世ととらえる考え方が支配的になってきた。

中世のはじめ、天皇が直接神社に出向き、そこで祭祀を営む「神社行幸《ぎょうこう》」ということが行われるようになる。そのはじまりは、朱雀《すざく》天皇による賀茂《かも》行幸（上賀茂神社と下鴨神社に出向く

もの）と石清水《いわしみず》行幸（石清水八幡宮）であった。天皇は行幸した神社で臨時の祭祀を営むのだが、その目的は東西の賊徒《ぞくと》の平定《へいてい》というところにあった。というのも、関東では平将門《たいらのまさかど》による、瀬戸内海では藤原純友《ふじわらのすみとも》による「承平天慶《じょうへいてんぎょう》の乱」が勃発したからである。

それまで、神社の臨時祭の際には、天皇が内裏《だいり》に籠《こ》もり、その代わりに祭使《さいし》が神社に代参するという形式がとられた。ところが、行幸においては、天皇自身が直接神社に出向き、社頭《しゃとう》近くにある御在所まで行き、神前には祭使が向かうという形態になる。天皇こそが祭祀を営む主体である。つまりは天皇自身が神主の役割を果たしたのである。

これ以降、天皇の行幸先は次第に増えていく。天皇の地位から退いた上皇（院）の場合になると、天皇とは異なり、直接社前《しゃぜん》に赴いて参拝するようになる。参拝の目的が国家的なものから個人的なものに変化したからでもあるが、神に祈願する者は、やはり直接神と出会う必要があったのである（前掲『日本神道史』）。

このように、天皇や上皇が行幸し、神主の役割を果たすという体制は、今日の皇室祭祀にも受け継がれている。皇室祭祀では、当代の天皇が祭司の役割を果たす。天皇は専門の神職というわけではないが、天皇家の祖神を祀る役割を果たさなければならないとされているからである。

第10章

神道には生き神という存在がある

出雲大社の国造は、祭る役割ではなく、祭られる側に位置している

前の章で述べたように、神主という存在は、いわばアマチュアである。仏教の僧侶が、長期にわたる修行を重ね、宗派の教えについて研鑽を行った上でプロの宗教家として活動しているのとは対照的である。なお、僧侶と俗人との距離が近い浄土真宗は別である。

やはり前の章で述べたように、長い歴史をもつ著名な神社には、「社家《しゃけ》」というものが存在している。社家とは、代々神職を世襲する家のことである。たとえば、伊勢神宮だと、内宮《ないくう》には荒木田《あらきだ》氏という社家があり、外宮《げくう》にも度会《わたらい》氏という社家があった。

他にも、京都の吉田神社の卜部《うらべ》氏（吉田氏）、上賀茂《かみがも》神社と下鴨《しもがも》神社の賀茂氏、大阪の住吉大社の津守《つもり》氏などが知られている。

伊勢神宮外宮の度会氏の場合には、古来内宮に比べて外宮が低い地位しか与えられなかったのに反発し、中世においては、外宮の方が内宮よりも優位であるとする「伊勢神道《いせしんとう》」を唱えたりもした。

しかし、こうした社家の多くは、近代になると滅びていった。その代わり、明治時代になると、神道を国の基盤としようとする国家の政策によって、主だった神社は国によって経済的に支えられるようになり、神職は神官として国家から俸給を与えられた。その際に、社家の世襲が禁じられた。現在、社家が存続している神社は限られている。

前の章では、本質的には神主という専門の宗教家を必要としない神社のあり方について見ていったわけだが、一部にあった社家もまた必要とはされなくなってきたのである。

ただ、そのなかにあって、今日まで存続し、確固たる地位を築いているのが、出雲大社の社家である千家《せんげ》家と北島《きたじま》家である。現在の千家家の当主は千家尊祐《たかまさ》氏で、平成一四（二〇〇二）年からその地位にあり、第八四代にあたる。一方、北島家の当主、北島建孝《たけのり》氏は第八〇代である。

千家家と北島家はもともとは一つの家で、一四世紀のなかばに二つに分かれた。千家家の方が本家で、北島家は分家と位置づけられている。したがって、遷宮の際の手斧始《ちょうなはじめ》、柱立《はしらだて》、棟上《むねあげ》といった重要な祭祀については、千家家が担当する。

出雲大社を訪れたことがあるという人であっても、千家家と北島家のことを意識している者は少ないであろう。だが、千家家の屋敷は今でも出雲大社の西側に建っており、北島家の屋敷は東側に建っている。しかも、千家家は出雲大社教を、北島家は出雲教という教団を組織し、この二つの教団は全国に信者を抱えている。

千家家と北島家の当主は、ともに「出雲国造」と呼ばれる。国造《くにのみやつこ》というのは、そもそも地域の支配者のことであり、豪族であった。その上で祭祀も司っており、政治と宗教の二つの領域にまたがった「祭祀王」としての性格をもっていた。

それが、大和朝廷によって全国が支配されるようになると、各地の国造は政治的な支配者としての権力を奪われ、もっぱら祭祀のみを担《にな》うようになった。それは、それぞれの国造が大和朝廷に服属《ふくぞく》するようになったことを意味する。その証《あかし》として、出雲国造が新任された際には、国造全体の代表となって上京し、朝廷に対して「出雲国造神賀詞《かんよごと》」を奏上する仕来《しき》たりもあった。これは、服属儀礼《ふくぞくぎれい》と考えられる。

それでも、出雲国造には祭祀王としての性格が残された。そこに出雲大社の大きな特徴がある。

そうした出雲国造の特殊性を考える際に、出雲大社本殿の構造が重要な意味を持っている。現在の本殿は、江戸時代の延享元《えんきょう》（一七四四）年に造営されたもので、国宝にも指定されているが、各地にある神社のなかでもっとも規模が大きく、高さは約二四メートルもある。かつては今以上に高かったとも言われており、その点については次の章で見ていくことになる。

ではなぜ、出雲大社の本殿はそれほど大きいのだろうか。そこには理由がある。本殿は九本の大きな柱によって支えられており、中央にあるのが一番大きい「心御柱《しんのみはしら》」と呼ばれるものである。その心御柱と側柱の間は板で仕切られている。仕切りの奥には小祠の形をとった神座が設けられている。つまり、本殿のなかには、もう一つ小さな社殿があるわけである。

こうした形態をとった神社は珍しい。第5章でふれた、神社建築としては最古の宇治上神社本殿は、覆屋《おおいや》のなかに三棟の社殿があるわけだが、覆屋は後から社殿を保護するために建てられたものである。

それに対して、出雲大社の本殿は、なかにある神座を覆うためにあるわけではない。実は、本殿が大きいのは、そこで祭祀が行われたからである。一般の神社の本殿では祭祀が行われることはない。祭祀は本殿の手前にある拝殿で行われるのが普通である。

いったいそれがいつまで続いたかは分からないのだが、少なくとも江戸時代までは、本殿のなかで祭祀が営まれていた。そのときには、本殿のなかにある神座の前に国造の座がもうけられた。その際に、国造は神座の方を向くのではなく、飯や酒、菓子などの供物《くもつ》がある方を向く。そして、供物の手前には、国造以外の神職が並ぶ。つまり、国造は、神座に祀られた神とともに饗応《きょうおう》を受ける側にまわるのである。

そのときの本殿内の様子については、江戸時代の出雲大社の神職だった佐草自清《さくさよりきよ》という人物が、「出雲水青随筆《みつはる》」（『神道大系』七二巻）という文章に記している。さらに、その様子を描いた図も残されている。また、出雲大社教に伝わる「本殿内および座拝《ざはい》の図」という絵には、衣《い》冠束帯《かんそくたい》姿の国造が饗応を受けている様子が描かれている。

この点は、国造という存在がいったいどういうものなのかを考える上で極めて重要な意味をもっている。

国造自身が饗応を受ける側にまわっているということは、一般の神主としての役割を果たしてはいないということである。つまり国造は、出雲大社の祭神である大国主大神《おおくにぬしのおおかみ》を祀る役割を果たしてはいない。逆に、祀られる側に位置している。このときの国造は、明らかに神としての扱いを受けている。神と一体化しているとも言える。

出雲国造の祖先は、天照大御神の子である天穂日命《あめのほひのみこと》であるとされている。国造はその点で、天皇と同様に神につながっている。出雲の神が人の形をとって地上に現れたものが国造なのである。

それを反映し、かつての国造は、「生き神」として扱われていた。

出雲大社教の石原廣吉は、「生神様」（『幽顕』五二一号、一九五六年）という文章のなかで、「大正の初……尊紀様〔第八一代国造、在位一八八二～一九一一年〕までは、国造様を生神様として土下座して拝みました」と述べている。

日本の民俗学の創始者である柳田國男は、晩年に自らの生涯について語った『故郷七十年』という著作を残しているが、子どもの頃の思い出として、出雲国造が生き神として扱われていた様子を、次のように語っている。

「生き神様のお通りだというので、村民一同よそ行きの衣装を来て道傍に並んだ。若い国造様が五、六名のお伴を従えて、烏帽子に青い直垂《ひたたれ》姿で馬が過ぎていった時、子ども心に、その人の着物にふれでもすれば霊験《れいげん》が伝わってくるかのような敬虔《けいけん》に気になったようである」

ここに登場する国造は、第八〇代の千家尊福《たかとみ》のことであった。

国造が亡くなったとき、後継者となる新しい国造は、喪に服することがない。ただちに、火《ひ》鑽臼《きりうす》と火鑽杵《ひきぎね》をもって、館を出発し、松江市八雲町にある熊野神社へ向かう。もともと国造は、この熊野神社の近くに住み、そこの祭祀を担っていたとされる。

出雲国造の「神火」は、はるか昔から少しも変わらず受け継がれている

熊野神社には鑽火殿《さんかでん》という建物があるが、国造はそこで神火《じんか》を鑽《き》り出し、それを自らの屋敷に持ち帰り、国造であるあいだ屋敷のなかにある斎火殿《さいか》（お火所《ひどころ》とも言う）で灯し続ける。

昔は、神火が鑽り出されたという知らせが届くと、前の国造の遺体は赤い牛に乗せて運び出され、出雲大社の東南にある菱根《ひしね》の池に水葬された。墓が造られないのは、国造は祖神《そしん》である天穂日命《あめのほひのみこと》と一体で、神火が継承される限り、永遠に生き続けると考えられているからである。

そして、国造は、神火によって自ら調理を行い、それを食べる。たとえ家族であっても、それを口にすることはない。別火別鍋《べっかべつなべ》ということは、一般の神主でも祭祀を行うときに見られることだが、出雲国造は亡くなるまでそれを続けた。だからこそ、国造は生き神としての扱いを受けたとも言える。

明治九（一八七六）年一〇月一八日付「東京曙新聞」では、国造が愛媛を訪れたときの様子について、「旅宿に群集せし老幼男女数百人にて、大教正の神拝されるため一寸座られる新薦《こも》を、群集の者ども打寄って掴み合って持行くもあれば、又這入《はいい》られし風呂の湯は、銘々徳利《どっくり》に

入れて一滴も残さぬ程なり」と伝えている。生き神としての国造がふれたものは、薦《こも》でも湯でも神聖なものとしてとらえられ、信者はこぞってそれを求めた。このときの国造も千家尊福であった（岡本雅享『千家尊福と出雲信仰』ちくま新書）。

尊福が、国造職を譲り受けたのは明治五（一八七二）年一一月のことだったが、政府の方針に従って神道を宣教する神道教導職《きょうどうしょく》を統率する役割を担っていたため、駕籠《かご》や馬に食事をするための斎火殿用具を入れて移動するのは大変だった。そこで国造を継ぐ前の六月、北島家の国造とともに教部省に伺いを立てた上で、斎火による食事を摂って心身を清めるのは神事のときに限ることとし、日常では一般の人たちと火を分けないこととした。これによって国造は地面の上を直接歩くようになった。それまでは、馬に乗るか、薦を敷いたところしか歩けなかった。

ただし、「東京曙新聞」の記事はその四年後のことであり、生き神扱いは続いていたことになる。今でも出雲大社では、毎年六月一日に真菰《まこも》神事というものが行われ、その際には、御幣《ごへい》を保持した国造が真菰の上を歩くのだが、参列者は、国造が通りすぎると、競って真菰を貰い受ける。それを田畑に埋めれば、五穀豊穣がもたらされるとされるからだ。

こうした国造のあり方は、天皇と似ている。天皇も、代替わりの儀礼である大嘗祭において、前の天皇に宿っていた「天皇霊」をそのまま受け継ぐという説がある。これは、国文学者で民俗学者の折口信夫《おりくちしのぶ》が、「大嘗祭の本義」という論文のなかで唱えた説である。

折口は、その論文で、出雲国造が火を受け継ぐ儀式と大嘗祭が共通する性格を持っていることを指摘している。重要なのは、天皇霊や国造の魂が宿る火の方であり、肉体はその容れ物に過ぎないというのである。

霊や魂を宿す肉体の方には寿命があり、交替を重ねていく。だが、そこに宿る霊や魂は永遠のもので、変化することはない。同じものが、古代から受け継がれてきたのだ。

日本の社会には、生き神の伝統がある。

天皇は神の血を受け継ぐとされ、近代に入る時点では「万世一系」ということが強調された。そして、幕末維新期から登場することになる新宗教からは、多くの生き神が登場した。

幕末に生まれ、明治時代に入って教勢《きょうせい》を伸ばしていく天理教では、開祖である中山みきは地上に現れた神であるとされ、「親神《おやがみ》」と呼ばれた。死後には、天理教の教会本部にある教祖殿に祀られているが、「存命《ぞんめい》の理《り》」という教えがあり、現在でも生きて救済活動を展開しているとされる。

ほかにも、大本教の出口なおは、神憑《かみがか》りして神のメッセージを伝えた。戦後になると、人間宣言を行い、神の座を下りた天皇に代わって、この国を統治すると称する女性の教祖が現れた。璽宇《じう》の長岡良子《ながこ》や、天照皇大神宮教《てんしょうこうたいじんぐうきょう》の北村サヨなどである。

神が生きているのであれば、信者はそれに直接接することで救いを得ることができる。まさに出雲国造は、そのように扱われていた。第7章で、人を神に祀る風習についてふれたが、そこにも、神として祀ることで、多くの利益を得ようという意図が働いているのである。

第11章

伊勢神宮の式年遷宮はいつから行われているのか

伊勢神宮の社殿は古代と同じ姿を保っているわけではない

「はじめに」でも述べたように、平成二五（二〇一三）年には伊勢神宮の遷宮が行われた。伊勢神宮の式年遷宮は、よく知られているように二〇年に一度のことである。

しかも、同じ平成二五年には、前の章でもふれた出雲国造家のある出雲大社の遷宮も行われた。こちらは六〇年ぶりのことだった。前回は昭和二八（一九五三）年に行われている。出雲大社の場合には、六〇年に一度の遷宮が制度として確立されているわけではない。伊勢神宮の式年遷宮と重なったのは前回に次いで史上二度目である。

もっとも、同じ遷宮とは言っても、伊勢と出雲ではその内容が大きく異なる。出雲では、本殿の巨大な屋根の葺き替えが中心だが、伊勢では、社殿が一新される。しかも、内宮《ないくう》と外宮《げくう》の正殿だけではなく、境内にあるすべての社殿が建て替えられ、さらには内宮へと至る宇治橋まで掛け替えられる。さらには、神に捧げられる神宝《しんぽう》もすべて造り替えられる。

伊勢神宮以外にも、式年遷宮が続けられている神社があるが、それは出雲と同じ形態で、修繕にとどまり、すべての社殿が一新されるわけではない。その点で、伊勢神宮は特殊である。だからこそ注目度が高いわけで、内宮の祭神である天照大御神は皇室の祖神であり、近世からは庶民が参拝に訪れる伊勢詣が流行した。

実は伊勢神宮というのは俗称で、現在の正式な名称は「宗教法人神宮」である。神宮と言えば、伊勢をさすことがあり、かつては「大神宮」と呼ばれることが多かった。ただ、神宮と称されるのは、別格の扱いを受けているからである。

平成二五年の遷宮が終了した後、一新された社殿を見ようと、伊勢には年間で一四〇〇万人を超える参拝者が訪れた。すでに平成二二（二〇一〇）年の時点で、年間の参拝者は八六〇万人を超えていた。ちなみに、前回の平成五（一九九三）年の遷宮のときには、八五九万人だった。

平成二五年の遷宮を記念して、外宮の前には、「せんぐう館」が開館した。その展示をみる

平成25年遷宮直後の伊勢神宮内宮

と、伊勢神宮の式年遷宮の歴史は一三〇〇年を超えているとされる。式年遷宮の制度を定めたのは天武《てんむ》天皇で、それは天武天皇一四（六八五）年のこととされる。

実際の遷宮は、まず内宮が、その五年後の持統天皇四（六九〇）年に行われ、外宮はさらにその二年後に行われた。

内宮の第二回の遷宮は、第一回から一九年が経った和銅二（七〇九）年で、外宮はその二年後だった。これ以降、一四世紀のなかばになるまで、ほぼ一九年に一度の周期で遷宮が行われた。今とは違い、二〇年周期ではなかった。正殿が火災にあうなどしたときには、臨時の遷宮も行われた。

一般にもこのように認識されている。

しかし、『日本書紀』には、伊勢の式年遷宮のことは出てこない。制度が確立された話も出てこない。

その点で気になるのが、持統天皇が伊勢に行幸したことが、『日本書紀』に記されていることである。それが発表されたのは、第一回遷宮の二年後（六九二年）のことだった。

ところが、伊勢行幸の発表は強固な反対にあう。反対したのは、三輪《みわの》朝臣《あそん》高市麻呂《たけちまろ》という人物で、大神神社の神主の家の人間だった。彼は、行幸が農事を妨げることになると主張し、冠位を返上してまで、伊勢行幸を止めようとした。しかし、持統天皇は、行幸を強行した。

この記事はいったいどのように解釈したらいいのだろうか。

遷宮の翌年に持統天皇が伊勢に行幸したということは、その具合を確かめるためだったとも解釈できる。行幸に反対したのが、大神神社の神主の家の人間だったことも、それを裏づけているように見える。天皇の信仰が、大神神社から伊勢神宮に移ってしまうことを恐れ、断固行幸を阻止しようとしたのだ。

こうした解釈は、遷宮が行われたことを前提としたものである。ところが、『日本書紀』では、遷宮についてはまったくふれていない。

式年遷宮の第一回が行われたことを示す史料は、ただ一つしか存在しない。それが、『二所太神宮例文』である。第一回の遷宮だけではなく、初期の時代の遷宮については、この史料にしか記されていない。

『二所太神宮例文』は、巻末に「干時明応六年丁巳八月一四日氏経卿自筆本以之筆之」とあり、最後に荒木田俊重と記されている。明応《めいおう》六年は一四九七年のことである。氏経《うじつね》は伊勢神宮の正員禰宜《せいいんねぎ》で、永享《えいきょう》四（一四三二）年から文明《ぶんめい》一八（一四八六）年にいたる三八年分の日記を残している。

『二所太神宮例文』は、氏経の手になるもので、それぞれの遷宮については、遷宮が行われた年と、内宮か外宮かの別が記されている。

ところが、記されているのは、それだけで、個々の遷宮がどのように行われたのか具体的なことはいっさい記されていない。この史料の現物は残されているのだが、全体にメモ書きという印象があり、重要な史料として扱われてきたようにはまったく見えない。

『日本紀略《にほんきりゃく》』などの正史にも、遷宮の記録があるとされる。ところが、そうしたものでは、伊勢神宮に神宝が捧げられたとされるだけで、遷宮が行われたとはされていない。ようやく、右大臣であった藤原宗忠《むねただ》の日記『中右記《ちゅうゆうき》』の嘉保《かほう》二（一〇九五）年九月の箇所で、内宮の「遷宮」についてふれられている。

もし『二所太神宮例文』という史料がなかったとしたら、古代から中世のはじめの段階にかけての遷宮の記録はいっさい存在しないことになる。

そうした点を踏まえ、式年遷宮のはじまりについて、定説に異議を唱えているのが歴史学者の下出積與《しもでせきよ》氏であった。下出氏は、「8世紀代の伊勢神宮─遷宮の式年制の意味を中心として」(『明治大学人文科学研究所紀要』一六巻、一九七七年)という論文で、式年遷宮の制度化は平安京遷都を実現した桓武《かんむ》天皇の時代だったと主張している。

天武天皇の時代に式年遷宮が定められたとするのは、『二所太神宮例文』のほかに、『太神宮諸雑事記』、『造伊勢二所太神宮宝基本紀《ほうきほんぎ》』、『太神宮参詣記(通海参詣記)』など、伊勢神宮側の史料である。ただ、こうした史料は成立年代や内容からして信憑性が薄い。

一方で、そうした文献よりはるかに重要で信憑性のある『延暦儀式帳』(内宮についての『皇太神宮儀式帳』と外宮についての『止由気宮儀式帳《とゆけぐうぎしきちょう》』をさす)では、ただ二〇年に一度遷宮が行われるとするだけで、起源については言及されていない。

下出氏は、『皇太神宮儀式帳』に「延暦四年宮遷時」とあることから、延暦《えんりゃく》四(七八五)年には確実に遷宮が行われたとする。桓武天皇が即位したのは、天応《てんおう》元(七八一)年のことである。それを踏まえ、下出氏は、「伊勢神宮の式年遷宮の制度化は、桓武天皇の治世初期、かりにそれ以上に遡るとしても奈良末期の光仁期を出ない時期に創ったものと推定したい」と述べている。光仁期の光仁《こうにん》天皇は桓武天皇の父である。

そして、下出氏は、奈良時代に行われたとされる遷宮について、それを記録した文献の性格からして、それに信憑性がないとしている。

そもそも、第5章で検討したように、神社の社殿がいったいいつから存在したかは必ずしも明らかではない。平安時代にはまだ、立派な社殿をもつ神社は存在しなかった可能性がある。その点で、伊勢神宮に社殿があったとしても、それが今日のような姿をとっていたという保証はない。その点でも、持統天皇の時代から、式年遷宮が営まれていた可能性は極めて低いのではないだろうか。

下出氏が説くように、延暦四年から式年遷宮がはじまるとしたとき、その後、おおむね一九年に一度遷宮が行われていく。ところが、一五世紀から一六世紀にかけては、遷宮が一二〇年以上にわたって中断される時代が訪れる。

戦国時代の幕開けとなる「応仁の乱」が起こるのは応仁元（一四六七）年のことである。内宮では、その五年前の寛正《かんしょう》三年に遷宮が行われたが、戦乱が続いたために、次は一二三年後のことだった。外宮も、永享六（一四三四）年に行われた後、永禄《えいろく》六（一五六三）年まで一二九年間途絶えている。

しかも、内宮の方は、天正《てんしょう》一三（一五八五）年に遷宮が復活するまで、八五年間にわたって正殿の建物が失われていた。

おそらく外宮も相当に傷んでいたものと推測される。あるいは内宮と同様に正殿の建物が失われていた可能性も考えられる。織田信長や豊臣秀吉が天下を統一し、遷宮のための造営料を

伊勢参詣曼荼羅（内宮）（公益財団法人三井文庫所蔵）

民衆の教化布教のために描かれた宗教画とされる。財政の逼迫により、御師たちが、全国へ伊勢信仰を普及して歩いた。その時に参詣曼荼羅を見せながら布教したと伝わる。

寄進してくれるようになるまで、伊勢神宮は消滅の危機にさらされていた。ほぼ消滅していたと言ってもいいだろう。

　日本にキリスト教を広めようとしたフランシスコ・ザビエルは、天文《てんぶん》二〇（一五五二）年に上京し、天皇から布教の許可を得ようとする。だが、そのとき、後奈良天皇は京都御所のなかの掘っ立て小屋に住んでいて、ザビエルを落胆させた。戦乱のなか、朝廷はそれほど衰微しており、とても遷宮の費用を捻出することなどできなかったのである。

　さらに注目されることがある。

　遷宮が復活した後の伊勢神宮の光景を描いた「伊勢参詣曼荼羅《いせさんけいまんだら》」を見てみると、正殿は朱塗りになっているのだ。本当にそうだったのか、それともこの曼荼羅を描いた絵師が実際の姿を見ないまま描いたのか、判断がつきかねるのだが、もしそれが事実なら、伊勢神宮は今とはまったく違う姿をとっていたことになる。

中世に描かれたほかの絵を見ても、今は正殿の両脇にある太い棟持柱《むなもちばしら》は見られない。延暦《えんりゃく》二三（八〇四）年に記された『皇太神宮儀式帳』でも、棟持柱については言及されていない。この点では、伊勢の社殿は必ずしも古代とまったく同じ姿を保っているわけではないのである。

神宮の境内に祈禱所があり、真言の祈禱が行われていた

しかも、近代に入るまで、日本の宗教界においては神仏習合の傾向が強かった。そして、密教の信仰が広がっていた。そのため、内宮と外宮を、胎蔵界《たいぞうかい》と金剛界《こんごうかい》からなる「両界曼荼羅《りょうかいまんだら》」にたとえようとする試みもなされていた。

この観念を具体的に表現したものが、奈良の西大寺《さいだいじ》に所蔵されている「大神宮御正体《だいじんぐうみしょうたい》」と呼ばれるものである。これは黒漆《くろしつ》塗《ぬ》りの厨子《ずし》におさめられたもので、扉を開くと、なかには二枚の中板がおさめられている。片方には胎蔵界曼荼羅が、もう片方には金剛界曼荼羅が描かれているが、一般の両界曼荼羅とは異なり、仏の姿は描かれず、すべて梵字《ぼんじ》で仏が表現されてい

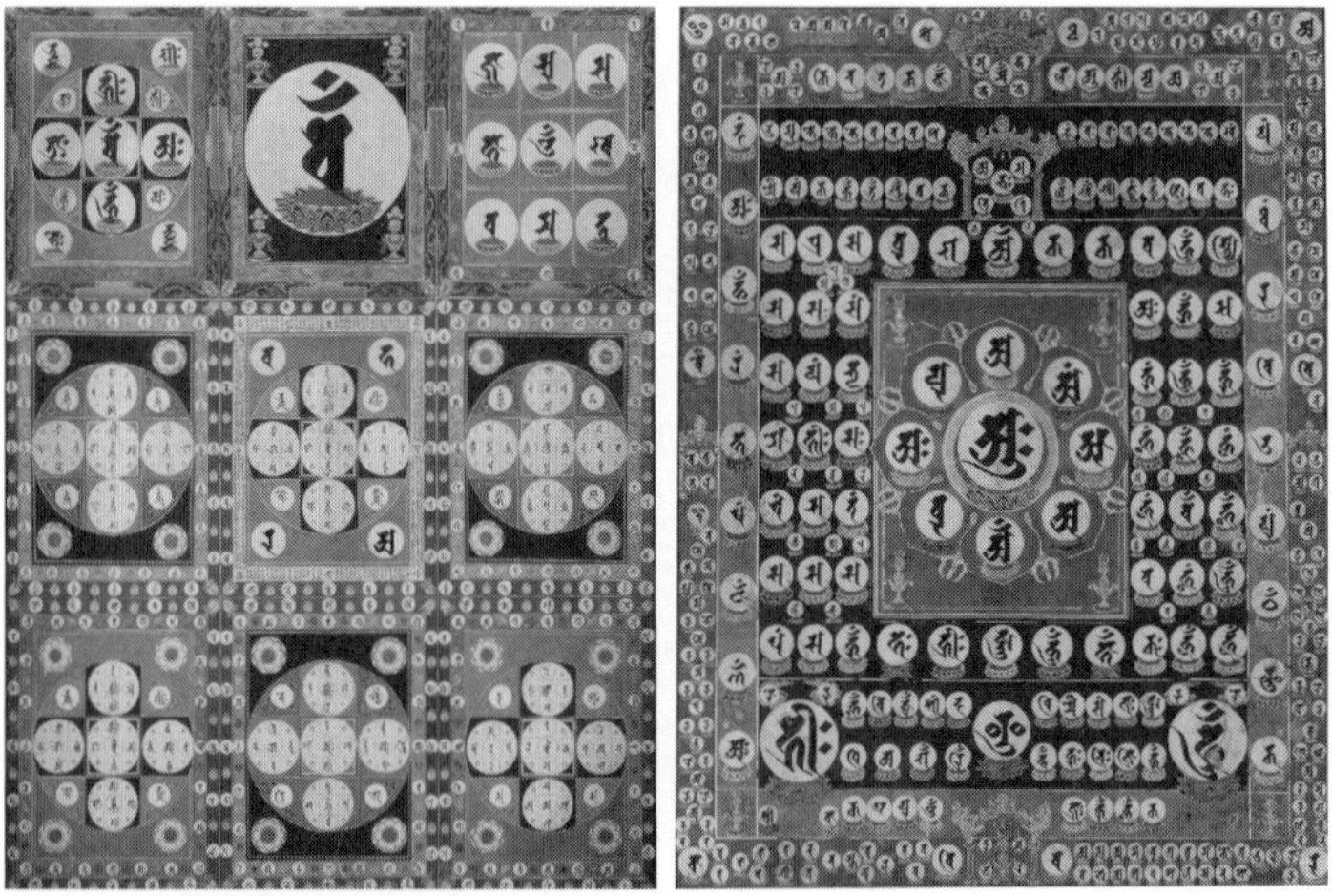

重文　大神宮御正体厨子（西大寺所蔵）
左が金剛界曼荼羅で右が胎蔵界曼荼羅
画像提供　奈良国立博物館

る。密教《みっきょう》では、梵字には霊力が宿っているとされ、仏前で唱える真言《しんごん》も梵語である。

この「大神宮御正体」は、展覧会に出品されることも多いものだが、梵字による曼荼羅に接する機会は少ないので、見るとどこか異様で、その分神秘的に感じられる。

伊勢神宮に関連するものが、伊勢からかなり離れた奈良の西大寺にあるのは不思議に思えるかもしれないが、そこには、真言《しんごん》律宗《りっしゅう》を興した叡尊《えいそん》がかかわっている。西大寺は、真言律宗の総本山である。

西大寺は、南都七大寺に含まれていたように、もともとはかなり規模の大きな寺であった。ところが、平安時代には一旦衰え、それを鎌倉時代に再興したのが叡尊であった。叡尊は、真言密教の教えを大幅に取り入れ、それで西大寺をもり立てていったが、一方で、伊勢神宮に対する厚い信仰ももっていた。

叡尊は、生涯に三度伊勢神宮に参詣している。「大神宮御正体」には、叡尊が伊勢参宮を行ったことに関係する文書が収められていた。

叡尊と時代が重なり、叡尊よりは三〇歳ほど若い醍醐寺三宝院《だいごじさんぼういん》の僧侶に通海《つうかい》という人物がいた。醍醐寺三宝院は真言宗の寺院で、修験道《しゅげんどう》の総元締めの役割を果たしているが、通海は、伊勢にあった真言密教の祈禱所である法楽寺《ほうらくじ》を継いだ。

その時代には、伊勢神宮の境内に、この法楽寺の末寺《まつじ》にあたる法楽舎《ほうらくしゃ》と呼ばれる祈禱所があり、そこでは護摩《ごま》が焚《た》かれ、真言の祈禱が行われていた。

内宮の宇治橋の前から猿田彦《さるたひこ》神社にむかって「おはらい町」が続いており、たくさんの土産物店や飲食店があるが、そのなかの豆腐庵山中の脇に、「宇治法楽舎跡」という石碑が建っている。そこには、「神仏習合の歴史的施設で後宇多《ごうだ》天皇の建治《けんじ》元年（一二七五）に建てられ蒙古撃退の祈願法楽を行ったといわれる」と記されている。

その法楽舎の姿は、奈良の正暦寺《しょうりゃくじ》に所蔵されている「伊勢両宮《りょうぐう》曼荼羅」に描かれている。これは、内宮を描いたものと外宮を描いたものの二幅《にふく》からなるが、外宮の方には、社殿のすぐ横に法楽舎の文字があり、建物が描かれている。また、真言密教を日本に伝えた弘法大師《こうぼうだいし》、空《くう》海《かい》の姿も描かれている。

今では考えられないことだが、神仏習合の波は伊勢神宮にまで及んでいたのである。

遷宮が二〇年に一度くり返され、その際に前とそっくり同じ建物が建て替えられるなら、古代の建築様式がそのまま今日にまで伝えられていくことになる。変化しないということも、「ない宗教」としての神道にはふさわしいあり方である。

だが、遷宮は、戦乱の時代に中断されている。いったん中断され、それが長期にわたると、中断以前のことは忘れ去られてしまう。「伊勢参詣曼陀羅」に描かれたような朱塗りの建物であったとは、やはり考えにくい。だが、現在の建物と同じ様式であったという保証もないのである。

江戸時代の復古神道が純粋な神道を確立しようとした

では、いったいいつの時点で、伊勢神宮は今日と同じような形をとるようになり、古代の様式をそのまま受け継いでいると言われるようになったのであろうか。

第5章で見たように、『一遍聖絵』には、鎌倉時代における各地の神社仏閣の姿が描かれているわけだが、残念ながら一遍は伊勢を訪れていない。

一遍の弟子の遊行上人《ゆぎょうしょうにん》こと、他阿真教《たあしんきょう》は正安《しょうあん》三（一三〇一）年に伊勢参宮を果たしており、そのときの光景は『遊行上人縁起絵』に描かれている。遊行上人の一行は、鳥居の外側に座り、そこで拝んでいるが、正殿の建物は屋根の部分が欠けていて、千木《ちぎ》や鰹木《かつおぎ》があるかどうかが分からない。棟持柱もない。しかも、神明造りの裏には、建物が縦に続いており、現在とは明らかに違う。

伊勢神宮磐座　内宮の北に位置し、年式遷宮の最初の儀式、山口祭が磐座の脇の平地で営まれる

江戸時代になると、庶民のあいだでも伊勢詣が流行する。それは、伊勢詣を理由にすれば、容易に通行手形を得られたからだが、ほぼ六〇年に一度訪れたお蔭《かげ》年《どし》には、大量の人間が伊勢に詣でた。

それを反映し、伊勢詣のガイドブックとして刊行されたのが『伊勢参宮細見《さいけん》大全』（一七六六年）だが、そこには、今日に近い形の正殿が描かれている。ただ、それでも太い棟持柱はないし、背後が描かれていないので、『遊行上人縁起絵』にあるように、建物が続いていたかどうかは分からない。

伊勢神宮が今日の姿をとるようになった背景には、江戸時代に生まれる「復古神道」の考え方が影響している可能性がある。

中世からは、しだいに神道の理論が形成されるようになっていく。ただ、その段階では、仏教の影響が強く、また理論形成に僧侶が関与したことで、神仏習合を背景とした折衷《せっちゅう》的な理論が多くを占めていた。

たとえば、三輪山を御神体とする大神神社で形成された「三輪流神道《みわりゅうしんとう》」では、大神神社の祭神である三輪大明神が、朝廷の祖神である天照大御神と一体であるとされただけではなく、真言密教の本尊となる大日如来《だいにちにょらい》とも同体であるとされた。そして、三輪山は、伊勢神宮と同様に胎蔵界と金剛界にたとえられたのである。

これに対して、江戸時代に入ると、賀茂真淵《かものまぶち》や本居宣長といった国学者が、日本の古典を研究するなかで、そこに日本人独自の精神性を見出すようになり、古代へ回帰する復古神道の流れが形成されていく。

その流れを大きく発展させたのが、やはり国学者で神道家の平田篤胤《ひらたあつたね》であった。篤胤は、禁教になっていたキリスト教さえ研究の対象とし、さまざまな宗教に通じていたが、従来の神道と仏教が習合したあり方を強く批判し、独自の神道神学を打ち立てていった。

やがて各地の神社に、こうした復古神道の考えに影響され、仏教を排除した純粋な神道を確立しようとする神道家があらわれるようになる。

その先駆者の一人となったのが、前の章でふれた出雲大社の佐草自清《さくさよりきよ》だった。自清は、もともとは出雲国造のうち、千家家の上級神職の家に生まれたものの、北島家方の上級神職である佐草家を継いだ。そして、寛文《かんぶん》七（一六六七）年の遷宮の際には、その費用を負担してくれる幕府や松江藩との折衝にあたった。

出雲大社の社殿も時代によって形態が変わってきた

そもそも出雲大社の社殿については、いろいろと謎がある。

現在の出雲大社に古代的な雰囲気を与えているのが巨大な本殿の建物である。実際に出雲大社を訪れてみると、仰ぎ見るような本殿の姿に圧倒される。その高さは二四メートルに及んでいる。奈良の大仏の高さが一五メートルに満たないことを考えると、出雲大社がいかに大きな建築物であるかがわかる。

平成25年遷宮直後の出雲大社本殿

二四メートルは、昔の長さの単位では八丈に相当する。驚くべきことに、かつての出雲大社の高さは、八丈の倍、一六丈だった可能性がある。さらには、三二丈に達したという伝承さえある。三二丈と言えば、九六メートルである。想像を絶する高さである。

一六丈だとしても、四八メートルである。出雲大社のすぐ近くには、島根県立古代出雲歴史博物館があり、そこには、一六丈の復元図にもとづく一〇分の一の模型が展示されている。それを見ると、一〇〇メートルを超える長い引橋をあがった上に九本の巨大な柱に支えられた本殿が載っている。

これは、ほかに類例を見ない特異な形態で、とても実際にそのようなものが存在したようには思えない。ところが、平成の時代になってから、境内の遺跡からは巨大な九本の柱の跡が発見されている。また、さまざまな歴史資料には、本殿がたびたび倒壊したという記録がある。

残念ながら、一六丈の高さの本殿を描いた絵図などは残っていないし、逆に、残っている絵図を見ると、それほどの高さはなかったように見受けられる。その点で、一六丈の本殿の真偽は不明だが、現在の建物でも、それは十分に巨大で、周囲を威圧するような存在感を示している。

現在の本殿は、延享元（一七四四）年に建てられたもので、それは一八世紀の半ばに当たる。それ以前、江戸時代初期に描かれた「杵築大社近郷絵図《きづきたいしゃきんごうえず》」を見ると、本殿は朱塗りになっている。しかも、境内には、三重塔や弁天堂、大日堂があり、やはり神仏習合の信仰が示されている。この時代の出雲大社は、今日とは異なり、一般の社寺と同じような形態をとっていた可能性がある。

延享元年の本殿は、その前に建てられた寛文七（一六六七）年の建物をそのまま引き継ぐ形で建造されたと言われるが、その際、江戸幕府は、日光の東照宮ほどではないにしても、組物を多用し、下方が開いて蛙《かえる》の股のような形をしている装飾的な蟇股《かえるまた》を配した建物にすることを考えていた。もし、この幕府側の意向がそのまま実現されていたら、出雲大社は今日とは大きく違う姿をとっていたことだろう。それは、近くにある日御碕《ひのみさき》神社の今日の姿に近いものだっ

黄泉比良坂　『古事記』には出雲国伊賦夜坂（いふやさか）にあるとされる

たはずだ。こちらは幕府によって造営されている。あるいは、日光の東照宮に通じるような形態でもあった。

これに対して異議を唱えたのが佐草自清であった。彼は、幕府の計画にまっこうから反対し、粘り強く交渉を続けることによって、最終的に自分たちの意思を通すことに成功する。それによって、出雲大社は、今日のように装飾性に乏しい直線的な部材を使った、古代を彷彿とさせるような建物となったのである。

やがて明治維新が訪れるが、その際には、復古神道の考え方を受け継いだ国学者や神道家が明治新政府にも参画し、神道と仏教とを分離させる神仏分離の政策を推し進める。近代以降の神道は、復古神道の流れをくみ、古代への回帰をめざすものとなった。そこには、歴史や変化をないものにしようとする力が働いている。

伊勢神宮についても出雲大社と同じように、江戸時代になって今日に近い姿をとるようになったのではないかと考えられるが、太い棟持柱などは、明治になってからのものなのではないだろうか。

神道の世界は不変であることをめざしたとしても、環境の方は大きく変わっていく。実は今、遷宮というあり方はかなり難しい局面にさしかかっている。

一つ、遷宮にかかる費用が膨大なものになってきたことがあげられる。伊勢神宮の場合、平成五（一九九三）年の遷宮は三二七億円でできたが、平成二五年は五七〇億円にのぼった。特殊なものを含む材料費や手間賃が二〇年のあいだに高騰した。令和一五（二〇三三）年に予定される次の遷宮では、いったいどれだけの費用がかかるのだろうか。費用の捻出が相当に難しくなるかもしれない。

しかし、それ以上に問題なのは、社殿などを建て替えるにはどうしても必要な檜《ひのき》が手に入りにくくなっているということである。昔なら、どこにでも太い檜があり、材料の調達には困らなかった。それが今になると、国内ではそれが調達できなくなっているし、海外からも手に入りにくくなっているのだ。

伊勢神宮では、大正一二（一九二三）年から、遷宮に使われる檜の育成を行っている。令和五年で、それからちょうど一〇〇年が経過したわけだが、遷宮に用いられるのは二〇〇年が経った檜である。現時点では、檜を自給自足することは実現されていない。

いくら金が集まっても、材料がなければ、遷宮はできない。それは、伊勢神宮にかぎらず、出雲大社でもそうだし、ほかに式年遷宮を続けている神社についても言える。現代においては、変わらないということがとてつもなく難しいことになってきたのである。

平成二五年の遷宮では一〇〇年育ててきた檜の間伐材が用いられた。伊勢神宮には先見の明があったことになるが、他の神社では必ずしもそうした試みは行われていないのである。

第12章

救いのない宗教

人は救いを求めて宗教に接近するのが一般的イメージである

宗教の役割ということを考えたとき、真っ先にあがるのは、「救済」ということであろう。宗教の役割は人を救うことにある。あるいは、人は救いを求めて宗教に接近していく。それが一般的なイメージである。

たしかに、宗教自身がその役割は救いを与えることにあると積極的に主張している。たとえば、キリスト教のカトリックにおいては、教会には信徒を救済する力が備わっているとされている。究極的な救済をもたらしてくれるのは神であり、その子イエス・キリストになるわけだが、地上においては教会が神による救済を代わりに実行するとされてきた。

そのため、カトリックの教会においては、「七つの秘跡《ひせき》（サクラメント）」が定められている。洗礼、堅信《けんしん》、聖体、ゆるし（懺悔《ざんげ》）、病者の塗油《とゆ》、叙階《じょかい》、結婚の七つである。カトリックでは幼児洗礼が基本で、生まれた段階で洗礼を施され、それで教会の一員となる。成長して信仰が固まれば、堅信を受け、これによって、ミサにおいてキリストの血と肉を象徴する聖体を拝領《はいりょう》できるようになる。堅信を経て、教会の正式なメンバーになるとも言える。

罪からのゆるしを得ることが懺悔、あるいは告解である。教会には、告解室が設けられていて、信者はそこで神父に対して罪を告白する。神父は、神に代わって、ゆるしを与える。

病に陥ったときには、あるいは死に近づいたときには塗油が行われる。以前これは、「終油《しゅうゆ》の秘跡」と呼ばれ、もっぱら亡くなるときに施すものとされていたが、今ではその範囲が広がっている。

罪をゆるすことが贖罪である。贖罪が求められるのは原罪の観念があるからで、人間はその誕生から罪深い存在と位置づけられている。

生殖活動によって原罪は遺伝するとされ、その罪から遠ざかるため、カトリックの聖職者は、終生誓願を立て、生涯独身を守り、生活をすべて神に捧げることを誓わなければならない。それは叙階と呼ばれる。一般の信徒にとっては結婚が秘跡となる。正教会では秘跡《ひせき》を「機《き》密《みっ》」と呼ぶ。

これに対して、仏教では、釈迦がこの世にあらわれ、悟りを開いたのは、釈迦自身の救いを求めてだけではなく、衆生《しゅじょう》を救うためであるとされた。そして、釈迦によって救われなかった人間については、五六億七〇〇〇万年後に兜率天《とそつてん》から下生《げしょう》する弥勒菩薩《みろくぼさつ》によって救われるという弥勒信仰も生まれた。

また、日本人は、とくに観音菩薩による救いを求めてきた。四国の八十八箇所をはじめ、各地には観音霊場がある。霊場をめぐることによって人々は、自分たちが直面している苦難からの救済を求めてきたのである。

神社に祀られた祭神は救いをもたらす存在とは考えられていない

ところが、神道においては、救い、救済ということは前面に出てこない。

ただし、例外もある。戦前には、神道系の教団は「教派神道」に分類され、それによって公認を得て、宗教活動を展開していた。こうした神道系の教団においては、キリスト教や仏教と同様に救済ということが前面に押し出されていた。その先駆けとなる天理教においては、第10章で見たように、主宰神《しゅさいしん》である「親神《おやがみ》」は創造神と位置づけられ、全人類を救済する役割を担うものとされた。

それに対して、一般の神社からなる「神社神道」においては、それぞれの神社に祀られた祭神は基本的に救いをもたらす存在とは考えられていない。人々は、神社に赴いて、社前で拍手を打ち、そこで祈りを捧げる。その祈りの対象となるのは、家内安全や商売繁盛、学業成就などで、日々の生活が順調で平安であることを望むものだが、窮状を救ってもらうために祈ることは少ない。

「お百度参り」などは、救いを求めての行為ではあるが、これは神社でも寺院でもどちらでも行われる。その点で、神仏習合の時代の伝統を引き継ぐものだと言えよう。

神道において救済が欠如している点は、「僧形八幡神《そうぎょうはちまんしん》」のことを考えてみるならば、より明確に理解される。

仏教においては、仏の姿を象った仏像が無数に造られてきた。それに対して、神道では、神の姿を象った神像はそれほど一般的なものにはならなかった。そのことは、第1章でもふれた。

ところが、一時、神道の世界で神像が盛んに造られた時代があった。それは平安時代初期の九世紀のことである。それからしばらくの間、さまざまな神像が造られていくが、時代が進むとともにその数は減少していった。

なぜこの時期にだけ神像が盛んに造られたのか、これは神道史における謎の一つだが、僧形八幡神の神像は、剃髪《ていはつ》し、袈裟《けさ》をかけ、錫杖《しゃくじょう》を携えている。そのため、神像だと知らない人は仏像の一種だと勘違いしてしまう。それも無理のないことである。事実、仏像にしか見えないからである。

ではなぜこのような奇妙な神像が生まれたのだろうか。

そのヒントは伊勢多度《たど》神社（現在の多度神社）の境内に建てられた寺院、多度神宮寺に伝わる「多度神宮寺伽藍縁起幷資材帳」という史料に示されている。

その史料によれば、満願禅師《まんがんぜんじ》という私度僧《しどそう》（正式な資格のない僧侶）が道場を建て、阿弥陀《あみだ》仏《ぶつ》を安置したところ、多度神の神託が下った。

多度神は、自分は輪廻《りんね》をしていくなかで重い罪業《ざいごう》を犯してしまい、神の世界に生まれるという報いを受けた。そこから救われたいので、神の身を離れて仏教に帰依《きえ》したいというのである。

神がその身を脱したいと願うという発想は、今の私たちの感覚からすれば、少し奇妙に思える。だが、輪廻していくこと自体を苦と見なす伝統は、仏教が生まれたインド以来のものである。

僧形八幡神も、この多度神と同様に、八幡神として生まれたことを罪業の結果だととらえ、それで出家して、僧侶の姿をとっているわけである。それによって仏道修行を続けていることになる。

これは、神道の世界には救いということがなく、たとえ神であっても仏教にすがるしか救われないことを意味している。「ない宗教」としての神道には、救いさえ存在しないのである。

神道の世界では救済論を確立しようとする動きは少数派であった

神道の世界においても、前の章でもふれた江戸時代後期の平田篤胤のように、独自の救済論を確立しようとするような動きが生まれた。

篤胤は、死後の魂の行方ということに強い関心をもち、仙界《せんかい》を訪れたと称する人間と会って聞き書きを行い、仙界の姿を明らかにしようとした。篤胤は、死後の魂が仙界において救われることを示すことで、神道独自の救済論を打ち立てようとしたのである。

戦前には教派神道の形をとった神道系の新宗教は、こうした篤胤の考えも取り入れて、それぞれの教団に独自の救済の仕組みを整えようとした。あるいは、第7章でふれた日本民俗学の創始者である柳田國男も、篤胤から大きな影響を受け、先祖供養を核とした土着的な信仰世界のあり方を体系化して示そうとした。

しかし、神道全般を考えたときには、救済論を確立していこうとするこうした動きは少数派にとどまった。

一般に、宗教への入信動機としてあげられるのが、「貧病争《ひんびょうそう》」である。人々は、貧しさからの脱却、病の治癒、家庭内の争いごとからの解放を求めて、宗教にすがるというわけである。

こうした点が入信動機になるのは、主に新宗教の場合であり、教派神道にもそうした側面はある。初期の時代の天理教は、「ビシャッと医者止めて、神さん一条や」と説いて、医者や薬を拒否し、信仰にすがることで病から救われると説いた。

けれども人々は、一般の神社神道に対しては、そうしたことを期待しない。神社に赴いて、手術がうまくいくことを願ったりはするが、病気そのものを治してくれるよう求め、少なくとも神だけにすがったりはしないのである。

日本人は、神道に対して、現状がそのまま無事に続いてくれることや、少し状態が改善されることを望みはするものの、今抱えている悩みや苦しみから根本的に救ってもらうことを望んだりはしない。

仏教の場合には、苦ということを中心に考え、人間が苦を感じるのは、煩悩によるものだととらえる。煩悩を抱くからこそ苦しむのであって、その煩悩さえ捨て去れば、それで救われると教える。そのために、仏教の世界では、煩悩を捨てるための修行が用意されている。

神道でも、禊《みそぎ》といった行為はある。禊には滝に打たれる滝行もある。その点で修行がないわけではないが、あくまで重要なのは身を清めることであり、俗世における垢を取り除き、清いからだで神と相対することが求められている。それは、修行が目的とする、こころやからだを鍛えるということとは性格が違うのである。

それも、神道には、キリスト教の原罪や仏教の煩悩のように、否定的な事柄が生じる根本的な原因が示されていないからである。穢れは、それに近いものかもしれないが、それは祓《はら》えば済むもので、祓ったからといって幸福がもたらされるわけでもない。

神道の神は、神社に赴いて願いを捧げる人々の思いを受け止めてはくれる。だが、神のすることはただそれだけで、積極的に救ってくれるわけではない。神は具体的に救いの手をさしのべてはくれないのだ。

それでも私たちは、自分たちの願いがかなえば、あるいは少しでも自分たちのおかれた状況が改善されれば、お礼をするためにまた神社に祀られた神のもとを訪れる。たとえ明確な救いが与えられなくても、私たちは神との交わりを続けようとするのである。

宗教に具体的な悩みや困難からの救いを求める人にとっては、こうした人と神との関係はもの足りないものに感じられるはずだ。だからこそ、危機に陥ったとき、私たちは、仏教や新宗教など、神道以外の宗教に救いを求めようとする。神前で神に祈るよりも、密教僧や祈禱師による祈禱の方がはるかにご利益があるのではないかと考えてしまうのだ。

しかし、神道という宗教は、救いというものを与えてくれないことで、私たちに何かを教えてくれているとも言える。私たちが悩みや苦しみを抱き、救いを求めようとするのは、過度の欲望を抱く結果かもしれない。神道は無言のうちにそれを私たちに示してくれている。

第1章で、「ない」ということが無や空に通じる可能性があることに言及した。たしかに、私たちが神社の社殿の前にたたずみ、一心に祈るとき、こころには何も浮かんでこないのではないか。そもそも、神道では一般の信者が唱える祈りのことばはない。私たちは祈るとき「無心」の状態になる。あえて救いを求めることは、無心の対極のことかもしれないのである。

第13章

ないがゆえの自由と伝統

神道において偶像崇拝は禁止されているわけではない

世界の宗教のなかには、偶像崇拝を禁止するところが少なくない。基本的に一神教では、偶像崇拝は否定される。それは、神が唯一であるということを脅《おびや》かしかねないからである。

とくにイスラム教では、第8章でも見たように、偶像崇拝は厳格に否定されていて、神の姿を描いてはならないとされている。神だけではなく、預言者ムハンマドについても、その姿は描かれないことが多い。描かれても、顔はのっぺらぼうのように空白になる。

そもそも偶像崇拝の禁止は、キリスト教とともにイスラム教の形成に影響を与えたユダヤ教のなかにあった。ユダヤ教の神は、モーセに十戒を与えた際、自分のほかに神があってはならないと申し渡した。偶像を造るということは、それが増え、多くの神を信仰することに結びつく。そこから、偶像崇拝の禁止ということが戒めとして説かれた。

そのため、ユダヤ教の世界では、長く、絵を描くことに制約が課せられていた。近代になると、ユダヤ人も美術活動を展開することになるが、著名なユダヤ人の画家、マーク・ロスコのように、徹底して抽象画を描こうとした。

そうしたことを反映し、エルサレムの嘆きの壁の前で祈るユダヤ教徒は、「何も具体的なイメージが浮かばないよう様々なイメージを混ぜながら祈っている」と答えるという（圀府寺司『ユダヤ人と近代美術』光文社新書）。

ただ、同じ一神教でも、キリスト教の場合には、偶像崇拝に対して必ずしもそれを禁じていないように見える。十戒は旧約聖書の「出エジプト記」にあり、キリスト教徒の戒律でもあるはずだが、キリスト教美術は発展を見せている。

キリスト教では三位一体の教義が生まれ、父なる神とイエス・キリスト、そして聖霊とが一体であるとされた。この三位一体の教義は、神学的には難解なものだが、三つの神格を認める点で、多神教への道を開くものでもある。しかも、それにともなって、キリスト像が教会に飾られるようになり、さらには聖母マリアに対する信仰も高まっていった。マリア像を祀る教会は少なくない。

こうした事態を反映して、キリスト教の世界では、キリスト教美術が花開く。教会や礼拝堂は、優れた画家たちの描く宗教画によって飾られていった。そのモチーフは、聖書などに題材がとられているものの、表現の仕方は自由で、多様な作品が生み出された。イスラム教徒からすれば、キリスト教は多神教で、偶像崇拝の宗教だと見えてしまう（この点について詳しくは、拙著『キリスト教入門』扶桑社新書を参照）。

では、神道の場合に、偶像崇拝は禁止されているのだろうか。

神道には、一神教とは異なり、教えについて述べた聖典というものが存在していない。開祖もいないし、神のことばが記録に残されているわけでもない。神道系の新宗教になると、教祖が神のことばを仲介し、それが記録されるが、一般の神道ではそうしたことはまったく行われていない。

神への信仰を基盤としていながら、神のことばが一切伝えられず、記録もされないというのは、いささか不思議な気もするが、神が語りかけてこない以上、偶像を造ることを禁じる教えが存在するわけではない。神道において、偶像崇拝は禁止されてはいない。そもそも、神が何かを禁じること自体ありえない。その点で、神を祀る作法は、あくまで人間が考え出したものだということにもなってくる。

前の章でふれたように、そうした事態をふまえ、平安時代には神像がかなり作られた。この神像を作る動きに対して、神道界から反発が起こったという話は伝わっていない。手向山《たむけやま》八幡宮の僧形八幡神像のように、明治の廃仏毀釈の際に東大寺に移されてしまったものもある。だが、そのときにも偶像崇拝の禁止といったことが問題にされたわけではない。神社から仏教にまつわるものをすべて取り除くということで、神像もその対象になったのである。

神道の世界においては、意図的に偶像崇拝が禁止されているわけではないにもかかわらず、古代において、神の姿を形にしてあらわさないという伝統が自ずと形成されていった。神像を作ろうとする動きも、時代を経ることで、自然と沈静化していった。現代では、そうしたことを試みようとする人もあらわれない。

偶像として表現されることがさほど多くないのは、日本の神というものが、形をもたない存在としてとらえられているからだ。姿形のない神は、目で見ることもかなわない。そうであるがゆえに、依代に宿ったりするが、依代はあくまで器であり、神そのものでもなければ、その姿を象徴したものでもない。

神が姿形を持たないがゆえ、移すことや「分霊」もできる

ここで注目されるのは、神が姿形を持たないがゆえに、相当に自由な働きかけが可能だという点である。

たとえば、第11章では伊勢神宮の式年遷宮についてふれたが、そのクライマックスをなすのが「遷御《せんぎょ》」の儀式である。これは、御神体を古い神殿から新しい神殿に移すことを目的としたものである。この儀式は夜間に、しかもほとんど照明を使わずに行われる。そのため、厳かで神秘的な雰囲気が醸し出されるが、神が神殿から神殿へと移ることができるのも、姿形を持たないからである。

もし伊勢神宮の御神体が神像であったとしたら、遷宮の際に、その神像を新調するかどうかが議論になるはずだ。逆に言えば、神像さえ新調すれば済むことで、大掛かりな遷宮を必要とはしなくなる。しかしそれでは、神から神秘性が失われることになるかもしれない。

そうした自由さは、遷宮ということに留まらない。頻繁に見られるのが、「勧請《かんじょう》」、あるいは「分霊《ぶんれい》」という行為である。

第7章でもふれたように、日本には数多くの神社があり、その総数は一〇万社を超えてい

伏見稲荷大社の稲荷山にある千本鳥居

る。一〇万社あるとは言っても、同じ名称の神社が少なくない。名称は同じで、それぞれが地名で区別されることもある。名称が同じなのは、祭神が共通するからである。

國學院大學の岡田莊司名誉教授が行った調査についてもすでにふれたが、数がもっとも多いのが八幡で、それに伊勢が次ぎ、以下、天神《てんじん》、稲荷《いなり》、熊野《くまの》、諏訪《すわ》、祇園《ぎおん》、白山《はくさん》、日吉《ひよし》、山神《やまがみ》の順になる。どこに住んでいる人間でも、近くにそうした名称をもつ神社があることに気づくであろう。

同じ名前をもつ神社が全国で祀られているのは、もともとどこかの神社に祀られていた神が分霊され、別の場所に勧請されたからである。八幡神のおおもとは九州の宇佐神宮（宇佐八幡）だし、伊勢の神は伊勢神宮がおおもとで、

伏見稲荷大社　稲荷山お塚

神明社などと呼ばれる。天神は京都の北野《きたの》天満宮にはじまるし、稲荷はやはり京都の伏《ふし》見《み》稲荷大社からはじまる。

　もとは一つでも、分霊したり、勧請したりすることで、その数が増えていく。八幡神の場合、京都に都が開かれたときには、都の守護神として宇佐神宮から勧請され、石清《いわし》水《みず》八幡宮が創建された。石清水八幡宮は、朝廷によって信仰されるが、武家が台頭すると、その信仰も集めるようになる。源頼朝が鎌倉に創建した鶴岡《つるがおか》八幡宮の祭神は、この石清水八幡宮から勧請したものである。

　ヨーロッパにあるカトリック教会の場合、基本的に聖遺物《せいいぶつ》を安置している。聖遺物とは、イエス・キリストをはじめ、死後に聖人とされた人物の遺物のことで、主にその骨である。聖遺物は教会の祭壇の下に安置されることで、祭壇に営まれるミサ（聖餐《せいさん》）の聖性を保障することになる。

ただ、聖遺物が簡単に手に入るわけではない。キリスト教がローマ帝国のなかに拡大するようになった時代には迫害があり、多くの殉教者が生まれた。殉教は、聖人として崇敬の対象になる基本的な条件である。ところが、キリスト教がローマ帝国において公認されると、殉教の機会は大きく減った。それによって、殉教以外にも、死後奇跡を起こしたことが聖人の条件になっていくのだが、それでも聖遺物は不足した。

実は、一一世紀の終わりに十字軍が派遣された目的は、聖地エルサレムを奪還するということ以外に、イエス・キリストや弟子たちが活動を展開したエルサレム周辺で聖遺物を蒐集《しゅうしゅう》し、それをヨーロッパに持ち帰ることにあった。

仏教では、釈迦の火葬された骨を「仏舎利《ぶっしゃり》」として祀ることで仏塔が建てられるようになり、アショカ王は、それを掘り出して八万に分け、それで仏教信仰を広めようとしたとされるが、カトリック教会の聖遺物は分割されるようなことはない。

その点で、分霊という行為は、いくらでも増殖させることができるので、この上なく便利である。しかも、分霊によってもととなる神の力が衰えることもない。分霊と勧請はいくらでもくり返すことができる。それは、現代のデジタル・データと似ている。どちらも、無限に複製することができ、しかも、劣化が起きないのだ。八幡神社の数が八〇〇〇社近くに増えたのも、この原理の賜物である。

もし日本の神が、ユダヤ教やキリスト教、そしてイスラム教のように、唯一神であったとしたら、分霊や勧請などは不可能である。そもそも分割されれば、唯一神ではなくなってしまう。唯一神は、世界に遍在していることになるのかもしれないが、神自体を分割し、それをさまざまな場所で祀るという形にはならない。

各地にある天神は、天満宮とも呼ばれ、祭神は菅原道真である。現在では学問の神として信仰を集めている。高校や大学を受験するというときに、全国にある天満宮を訪れ、合格祈願をする受験生や親は少なくない。

ただし、天満宮の社殿の前で祈りを捧げるとき、そこに祀られている道真の姿を思い浮かべる人は必ずしも多くはないだろう。天満宮の由来をはっきりと認識した上で参拝する人であっても、道真に祈っているという感覚を抱くことはほとんどないはずだ。

まして八幡神社で八幡神や、それと習合した応神天皇を思い浮かべたり、伊勢の神を祀る神明社で、天照大御神のことを思ったりする人は、いったいどれほどいるのだろうか。祭神のことを頭に浮かべなかったとしても、それは決して無礼なふるまいではない。

私たちは、どの神社を訪れたとしても、姿形をもたない神に祈っている。偶像崇拝が禁じられたユダヤ教のように、姿形をイメージしてはならないと命じられたからそうしているわけではない。私たちは、自ずと神を姿形を持つものとしてはとらえようとしない。逆に、神が姿形を持ったり、人格が明確になると、神々しさを失うのではないかという感覚を持っている。

神に祈る作法が感覚として身についていて、規制は必要とされない

こうした神のあり方や、私たちの神とのかかわり方は、教えとして明確化されているわけでもなければ、神道家が理論化したというものではない。私たちのなかには、神を姿形のないものとしてとらえようとする感覚が根づいていて、それが古くからの伝統になっているのだ。

神道の世界に戒律がないのも、こうしたことが関係している。仏教においては、事細かに戒律が定められており、律宗や真言律宗のように、戒律の重要性を説く宗派も生まれた。一方で、出家した僧侶のなかにも、戒律を破ってしまう破戒僧が輩出されてきた。僧侶の世界で、女性と性的な交わりを持つ行為は「女犯《にょぼん》」と呼ばれる。

戒律があるからこそ、破戒という行為が生まれる。戒律がなければ、そもそも破戒という行為自体は起こり得ない。

神道でも、儀式に臨む神主や、当番制で神主役を勤める人間は、その前に精進潔斎を行う。身を清めてから儀式に臨むわけである。

それも、精進潔斎をしなければならないと命じられてのことではない。約束事という感覚はあるかもしれないが、戒律で定められた禁止事項に違反しないために精進潔斎をするということではない。

精進潔斎もまた自発的な行為である。だが、それを省いて儀式に臨んだとしたら、その人間はとても居心地が悪くなるに違いない。そして、穢れたままの自分が司っている儀式には、効力がないと感じてしまうはずだ。

私たち一般の俗人が、社殿に赴く前に、手水舎で手を洗い、口を漱《すす》ぐのも、そうしないと神の前に立ってはならないのではないかと感じてしまうからである。

その点で、私たちには、神を祀るための、あるいは神に祈るための作法が感覚として身についている。そこには、外側からの規制も、あるいは命令も必要とはされないのである。

ある意味、神道は「ない宗教」であるにもかかわらず、よく歴史を超えて今日にまで伝えられてきたと見ることもできる。他の宗教を見ても、教えや戒律を守らせることは容易なことではない。教えからの逸脱は頻繁に起こるし、戒律違反も数多く発生する。

にもかかわらず、神道には、はっきりとした規制がない。規制するものがないにもかかわらず、その形が保たれている。逆に言えば、規制がないからこそ、違反や逸脱ということが起こらないために、保たれてきたのかもしれない。

その点で神道は、かなり不思議な宗教である。何ものもないがゆえに、揺るがない。その点に思い至ったとき、私たちは神道の奥の深さを改めて実感することになるのではないだろうか。

第14章

浄土としての神社空間

仏教においては浄土を地上にあらわそうとする試みが行われてきた

それぞれの宗教には世界観というものがある。世界がどういう姿をとっているか、宗教によって見方が違うのだ。

では、神道において、世界がどのようなものとして把握されているのだろうか。改めてそのことについて考えてみようとすると、意外なほどそれが曖昧であることに気づく。

たしかに神道では、神々のいる世界として高天原が想定され、一方では、死者の赴く世界として黄泉の国が存在するとされている。ただ、『古事記』や『日本書紀』を繙《ひもと》いてみても、この二つの世界がいったいどのようなものなのか、詳しく述べられているわけではない。『日本書紀』になると、高天原ということばは一箇所だけ出てくるものの、それは持統天皇の諡《おくりな》としてである。『古事記』では、「天地初發之時、於高天原成神名」という形で、冒頭に登場する。最初の神々は高天原に成ったというのである。ただし高天原は、天国や極楽《ごくらく》、浄土《じょうど》とは異なり、人間が死後に赴く場所とはされていない。

国学者の本居宣長は、ほとんど正確に読むことができなくなっていた『古事記』を読み解く作業を行い、それを『古事記伝』にまとめた。その作業には、およそ三五年の歳月を費やしている。

それもあり、宣長にとって、『古事記』こそが古代を知り、日本人の宗教の根源を知るための書物であり、そこに記されていることを真実としてとらえた。したがって、『古事記』には、死後に赴くところとして黄泉の国しか挙げられていないため、宣長は誰もが死後には黄泉の国に赴かなければならないとした。そこが穢《きたな》く、好ましくはない世界ではあるが、『古事記』に記されているのだから、そこへ行くのは仕方のないことだとしたのである。

神道で、死後に赴く好ましい世界が説かれなかったことは、かえって「ない宗教」としての神道と、「ある宗教」としての仏教が役割分担し共存することに結びついた。神道はもっぱら人間の生の領域を担い、死の領域はもっぱら仏教に任せられていった。神道が死後の世界に関心を向けなかったのだから、それも必然である。

しかも、宣長のように、死後に黄泉の国に赴くと考える人間は少なかった。宣長の死後の弟子である平田篤胤は、死後の魂の行方に関心を持ち、仙界の探求を行ったものの、その篤胤でさえ、師である宣長の霊が黄泉の国に赴くことを否定した。宣長の霊は、彼が葬られた松阪の小高い山にいて、弟子たちを見守ってくれているとした。こうした、死後に先祖の霊が山に赴くという考え方は、柳田國男に受け継がれた。

仏教では、地獄の存在が説かれ、それが人々に強烈な印象を与えた。平安時代の源信《げんしん》は、『往生要集《おうじょうようしゅう》』を著し、そのなかで、八大地獄について詳細に論じた。これをもとに、「地獄草紙」なども描かれるようになり、現世で罪深い行いをした人間は地獄に落とされると考えられるようになる。それによって、黄泉の国には関心が向けられなくなったのである。

源信が『往生要集』を著した第一の目的は、地獄の恐ろしさを強調することで、死後に極楽往生を果たすために念仏を唱えることを奨励するためだった。平安時代末期になると、「末法」ということが強調され、そうした状況のなかでも救われる手立てとして念仏信仰が流行した。鎌倉時代には、念仏信仰を庶民層にまで広げた法然《ほうねん》の浄土宗が生まれ、親鸞《しんらん》や一遍《いっぺん》がその後に続くことになった。

仏教の説く浄土には、実はさまざまなものがあるが、もっとも強い関心が寄せられたのが、人が死後に赴くとされる「西方極楽浄土《さいほう》」である。西方極楽浄土は、阿弥陀仏の住まう浄土であるとされる。「浄土三部経」の一つ、『阿弥陀経《あみだきょう》』によれば、それは西方にむかって十万億の仏土を過ぎたところにあるとされる。仏典の表現は相当に誇張されたものだが、西方極楽浄土は極端に遠いところに想定されている。

そのためであろう。やがては、地上に浄土をあらわそうとする試みが生まれる。その代表が、宇治の平等院鳳凰堂《びょうどういんほうおうどう》である。

平等院は、平安時代中期に栄耀栄華《えいようえいが》を極めた藤原道長《みちなが》の子、頼通《よりみち》によって永承《えいしょう》七（一〇五二）年に創建された。この永承七年という年は、極めて重要である。というのも、日本では末法《まっぽう》の世が到来した第一年とされたからである。頼通は、道長の別荘だったところを寺院に改めて阿弥陀堂を建て、それを中心として浄土式庭園を築いた。末法の世が訪れたなかで、極楽往生を強く願ったからである。

鳳凰堂の本尊となったのは、当時名匠とうたわれた定朝《じょうちょう》作の阿弥陀仏である。そもそも、定朝作であることが確かなのはこの阿弥陀仏だけである。そして、鳳凰堂の前には、阿弥陀仏の種字《しゅじ》である阿字《あじ》をかたどった阿字池《あじいけ》が作られた。創建当時は、この鳳凰堂のほかにも多くの堂宇《どうう》が建ち並び、それ全体で浄土を表現していたと言われる。

もう一つ、同種の試みを上げるとすれば、京都の南、木津川市《きづがわ》の浄瑠璃寺《じょうるり》がある。この寺は、本堂に九体の阿弥陀仏を安置していることで名高いが、本堂の前にはやはり池が広がり、対岸には薬師如来を安置した三重塔が建てられている。この三重塔は、薬師如来のすまう東方浄瑠璃浄土を表現したもので、浄瑠璃寺では、西方極楽浄土と東方浄瑠璃浄土が一つの空間のなかにともに表現されている。

さらに遡れば、戦後の火災によって焼失してしまった法隆寺金堂の壁画にも、釈迦浄土をはじめ、阿弥陀浄土や弥勒《みろく》浄土が描かれていた。これは、飛鳥時代、七世紀末頃のものである。ただし、この時代にはまだ、死後に西方極楽浄土に赴くという信仰は確立されていなかった。

このように、仏教においては、浄土を地上にあらわそうとする試みがさまざまな形で行われてきた。浄土を目に見える形で示すことで、極楽往生への期待を高めようとしたのである。

「春日宮曼荼羅」には神社の祭神と本地仏が描かれている

そうしたなかで、神社の境内を浄土に見立てようとする試みも行われるようになっていく。

第6章でも少しふれたが、仏教と神道とが融合した神仏習合の事態を理論化したものが、「本地垂迹説《ほんじすいじゃくせつ》」である。これは、神道の神々は実は仏教の諸仏が化身して日本にあらわれたものだという考え方である。その際に、仏の方は「本地仏《ほんじぶつ》」と呼ばれ、神は「垂迹神《すいじゃくしん》」と呼ばれた。本地は本来のあり方を意味するから、これは仏教優位の考え方である。

奈良時代に権力を掌握した藤原氏の氏神を祀るものとして創建された春日大社《かすがたいしゃ》では、五柱の祭神が祀られていて、それは「春日大明神」と総称されるが、それぞれの祭神には本地仏が定まっている。

第一殿の鹿島神の本地仏は釈迦如来、もしくは不空羂索観音《ふくうけんさくかんのん》である。以下、第二殿の香取神は薬師如来（あるいは弥勒菩薩）、第三殿の天児屋根命《あまのこやねのみこと》は地蔵菩薩、第四殿の比売神《ひめかみ》は十一面観音（大日如来）、若宮の天押雲根命《あめのおしくもねのみこと》は文殊菩薩《もんじゅぼさつ》という具合になっている。

ここに登場する諸仏は、それぞれが、春日大社と一体の関係にあった興福《こうふく》寺の各堂宇の本尊として祀られていたものである。釈迦如来は、本堂である中金堂《ちゅうこんどう》の本尊であった。中金堂は長い間仮殿であったが、平成三〇（二〇一八）年に復元された。本尊は、やはり釈迦如来である。

神社の社殿には多様な形態があるものの、社殿がいくつもあった場合、同じ一つの神社では基本的に形式は共通している。したがって、春日大社の四つの本殿を外から見ても、形は同じで、区別がつかない。外からは、そこにどういった神が祀られているかを想像することもできない。

ところが、それぞれの社殿に本地仏が想定されることによって、少なくとも想像力の世界においては、その違いを具体的にイメージすることができるようになる。それを反映して、本地仏と垂迹神の関係を絵画として表現したものが、「宮曼荼羅《みやまんだら》」と呼ばれるものである。

曼荼羅と言えば、密教で用いられる両界《りょうかい》曼荼羅のことがすぐに念頭に浮かぶかもしれないが、宮曼荼羅は神社とそれに結びつく寺院の境内を一枚の絵に描いたものである。そこには本地仏も描かれ、それによって神社の祭神と本地仏の関係が明示されるわけである。

とくにそうしたものが盛んに作られたのが、春日大社の場合で、それは「春日宮曼荼羅」と呼ばれる。

春日宮曼荼羅にはさまざまなものがあり、これ自体で一つの宗教美術のジャンルを形成している。実際、平成二三（二〇一一）年秋には、東京の根津美術館で、「春日の風景」という展覧会が開かれ、そこでは、数多くの春日宮曼荼羅が展示された。

たとえば、「春日の風景」展にも出品された奈良の南市町《みなみいちちょう》自治会所蔵の春日宮曼荼羅は、中央に春日大社の参道が描かれ、それを下の一の鳥居から二の鳥居へと進んでいくと、その先の左側に第一殿から第四殿が描かれ、右側に若宮が描かれている。それぞれの社殿の上には円が描かれ、そこに本地仏が図示されている。さらにその後方には、春日大社からほど近い御蓋山《みかさやま》（通称は春日山）の姿も描かれている。

これは、鎌倉時代に作られたものである。平安時代になって、都が奈良から京に移されると、藤原氏につらなる貴族たちは、京で暮らすようになっていく。今日では、京都から奈良まで電車でいけばそれほど時間はかからないが、当時は、そう簡単には自分たち一族の氏神を祀る春日大社には参詣できなかった。

そこで貴族たちは、春日宮曼荼羅を自らの邸宅に飾り、それを拝むことで春日大社に参詣した代わりにしていた。そのために、数多くの春日宮曼荼羅が制作されたのである。

法然を信奉したことでも知られる摂政関白の九条兼実《かねざね》は、その日記である『玉葉《ぎょくよう》』のなかで、春日大社に参詣する代わりに、奈良の僧正から送られた「図絵春日御社」を自宅で掲げ、その前で、春日大社に参詣したときと同じように束帯《そくたい》を着け、奉幣《ほうへい》を捧げ、読経（『般若心経』一千巻）を行ったと記している。「図絵春日御社」は春日宮曼陀羅のことである。

重文　春日宮曼荼羅（南市町自治会所蔵）
画像提供　奈良国立博物館

春日宮曼荼羅のバリエーションの一つに、

重文　春日浄土曼荼羅（能満院所蔵）
画像提供　奈良国立博物館

「春日浄土曼荼羅」と呼ばれるものがある。これも「春日の風景」展に出品されたが、奈良長谷寺の塔頭《たっちゅう》、能満院《のうまんいん》に所蔵された鎌倉時代のものである。下半分に春日大社の境内の様子を描いたところでは他の春日宮曼荼羅と共通するが、上半分には、阿弥陀仏を中心とした西方極楽浄土の姿が描かれている。

これは、本地仏を描く試みを発展させたものと見ることもできる。ただし、春日大社の祭神の本地仏のなかには、阿弥陀仏は含まれていない。ということは、阿弥陀信仰が新たに取り入れられることによって成立したものと考えられるわけだが、そこには、春日大社の神域を浄土に近い神聖なものとして受けとる当時の人々の感性が働いていた。その点が注目されるのである。

阿弥陀仏は、通常なら仏教の寺院に祀られる。寺院も神道の神社と同様に宗教施設であり、仏像を拝むための礼拝の施設でもある。そこでは出家した僧侶たちが修行や儀礼を行ったり、学問の研鑽《けんさん》を行う。その意味では仏法に捧げられた空間である。

しかし、中世の仏教寺院は、規模の大きなものの場合、さまざまな方面から寄進《きしん》を受け、莫大な荘園を保有していた。興福寺は、当時、奈良県全体の土地を寄進されていた。したがって、鎌倉幕府も室町幕府も、奈良に守護をおくことができず、興福寺がそれを代行していた。その点で、中世の大寺院は役所のような機能も果たしていた。

したがって、寺院は徹底して世俗の空間である。

神社の境内は世俗性がないことが、神聖さを保持することにつながった

今日ではパワースポットがブームになり、それにあわせて既成宗教の宗教施設が聖地として

ふたたび注目を集めている。そのなかには、神道の聖地も含まれるが、仏教の聖地も含まれている。仏教では、真言宗の総本山金剛峯寺《こんごうぶじ》のある高野山《こうやさん》が名高く、人気を集めている。

それにあわせて、観光業界も、高野山への旅を宣伝している。そうしたときのポスターを見てみると、高野山は神秘的な雰囲気をたたえ、いかにも仏教の聖地というたたずまいを見せている。

ところが、実際に高野山を訪れてみると、その印象はかなり変わってくるはずである。高野山には、金剛峯寺をはじめ多くの寺があるが、同時にそこは、さまざまな商店が建ち並ぶ町でもある。僧侶以外にも多くの人がそこで生活しているからで、飲み屋だってある。そうした高野山の姿に接すると、事前に抱いていたイメージは大きく崩れる。空海の入定《にゅうじょう》伝説のある奥之院にしても、そこはたくさんの石塔がならぶ墓地である。

それも、仏教寺院の性格を考えてみれば、仕方のないところである。第9章でもふれたように、神社が「神のための場所」であるのに対して、寺院は「人のための場所」である。したがって、どうしても寺院からは人の生活の匂いがしてきてしまう。寺院空間は、必ずしも神聖さを保ってはいないし、まして浄土としてとらえるわけにはいかない。

それに対して、神社の場合には、人のための場所としての役割を負ってはいなかった。神社で祭祀を行う人間は、その前に精進潔斎する必要がある。それは、神社の境内が清浄な空間として神聖さを保っているからだ。だからこそ、春日宮曼荼羅では、春日大社の境内が西方極楽浄土と重ね合わされたのである。世俗性がなかったことが、神社の聖性を保持することにつながったのである。

神仏習合の時代における神道と仏教との関係を考えたとき、すでに見たように、本地垂迹説などは明らかに仏教優位の考え方だった。第12章で見た僧形八幡神なども、神道が仏教に依存していたことを示している。

しかし、一方で、仏教には、寺院が世俗性を身にまとってしまいやすいという欠陥があった。空海が高野山を開いた直後には、あまり人もおらず、そこは修行だけに専念できる清浄な空間であったかもしれない。だが、多くの僧侶がそこで生活するようになったことで、それを支える俗人も増え、そこには寺院を中心とした町、さらに言えば都市が形成されていった。

それは、神社では起こり得ないことである。そこにも、神道の「ない宗教」としての性格が関係している。世俗性がないということも、神道の大きな特徴なのである。

第15章

仏教からの脱却をめざした神道理論

「吉田神道」は密教の影響を色濃く受けた

中世において生まれた神道の理論は、「ない宗教」としての神道と「ある宗教」としての仏教とが融合した神仏習合の信仰を背景にしたもので、仏教の僧侶がその体系化の作業にあたるなど、仏教の影響を色濃く受けたものであった。

その方向性を転換させるきっかけを与えたのが、吉田兼倶《かねとも》が唱えた「吉田神道」である。吉田神道は、卜部《うらべ》神道、元本宗源《げんぽんそうげん》神道、唯一《ゆいいつ》神道とも呼ばれた。卜部神道と呼ばれたのは、兼倶の本姓が卜部氏だったからである。卜部氏は、古代から卜占《ぼくせん》を司ってきた。

兼倶は、家業として卜占の伝統を学んだ上に、儒教や仏教、道教や陰陽道《おんみょうどう》などを取り入れて、独自の神道理論を築き上げていくことになるが、当初の段階では、祭祀の実践が中心で、天皇や室町幕府の将軍家との関係を深めていくにとどまっていた。

兼倶の姿勢が変わるのは、応仁の乱を契機にしてだった。京都は戦乱に巻き込まれ、朝廷の儀礼や祭祀は中断されてしまった。第11章でもふれたように、それは伊勢神宮の遷宮の中断ということにも結びついた。しかも、兼倶の屋敷や吉田家が神職をつとめていた吉田神社が焼失し、神社周辺の住民たちが数多く殺されるという出来事も起こる。

宗教家が、変革の必要を感じるのはそうしたときである。兼倶も、代々受け継いできた祭祀を中断せざるを得なくなったことに強い危機感を抱き、そこから新たな神道理論を構築し、それを実践に移していくことを試みるようになっていく。

兼倶は、まず吉田家に伝わる神道の教説を整理し、さらには『日本書紀』の神代巻《じんだいかん》と、古代から伝わる祝詞の「中臣祓《なかとみのはらえ》」を研究した。兼倶の著作としては、『唯一神道名法要集』や『神明三元五大伝神妙経』、『神道大意』などがある。

兼倶の神観は、天にある神と万物のなかに内在する霊とを同一のものとしてとらえようとするもので、大宇宙（世界）と小宇宙（人体）の相関関係を説く西欧の錬金術の思想に通じる神秘主義的なものであった。

特徴的なのは、仏教の密教の影響を色濃く受けている点で、兼倶は自らの教えを「隠幽教《おんゆきょう》」とした。これは密教に影響されたもので、密教がそうであるように、秘伝の側面が強調された。そして、やはり密教に影響を受けた祭祀を実践するとともに、「虚無大元尊神《そらなきおおもとみことかみ》」と呼ばれる主宰神を祀るための斎場所《さいじょうしょ》として吉田神社に斎場所大元宮《だいげんぐう》を創建した。その祭神は、全国の神社で祀られている天神地祇《てんじんちぎ》を生み出したとされた。

天神地祇であるということは、そのなかに、伊勢神宮で祀られている天照大御神も含まれることになる。

それを証明するような出来事が起こる。

それは延徳《えんとく》元（一四八九）年一一月一九日のことで、兼倶は宮中に密かに参内し、後土御門《ごつちみかど》天皇に面会した。それは、激しい風雨に見舞われたその年の三月二五日に、斎場所に飛来した不思議な器物が何かを知るためだった。一〇月四日には、さらに斎場所に光が降り注ぎ、やはりその後に不思議な器物が残されていた。

天皇は、その不思議な器物が伊勢神宮の御神体に間違いないという判断を下した。兼倶は、天皇がそのように回答することを期待していた。これで、斎場所は伊勢神宮の御神体を祀る場所として、その権威が高まったのである（井上智勝『吉田神道の四百年―神と葵の近世史』講談社選書メチエ）。

兼倶の神道説は、陰陽道や仏教の密教の影響を色濃く受けているという点では、吉田神道以前の伊勢神道などと性格が似ていた。

しかし、さまざまな要素を取り入れているとは言え、あくまで神道という枠組みが中心であり、独自の教団組織や教典、祭祀空間をもつ独立性の高いものであった。そこに、それまでの神道理論との違いがあり、吉田神道はその後の神道界に大きな影響を与えていく。

吉田家では、公家や武家の支持を得て、神道の裁許状《さいきょじょう》を発行したり、神号《しんごう》を授与したり、神職を任命する権利を獲得した。それは、江戸時代に入って幕府によって出された「諸社禰宜《しょしゃねぎ》神主法度《かんぬしはっと》」によって制度化され、吉田家は神職の総元締めの地位を確立していく。それによって、各地の神社は吉田神道の傘下におかれた。

江戸時代の「儒家神道」は、神道と儒教の一致を説いた

江戸時代に入ると、この吉田神道とは別に、さまざまな神道理論が唱えられるようになっていく。

そのなかには、徳川家康と密接な関係をもち、家康の死後には東照大権現《とうしょうだいごんげん》号の勅許《ちょっきょ》を得ることに成功した天台宗の天海が創唱した「山王一実神道《さんのういちじつしんとう》」のように、仏教の僧侶による神道説

もあったが、そうしたものはそれほどの発展を見せなかった。

むしろ、江戸時代に盛んになったのは、儒学の立場からの神道理論で、その先駆者が林羅山《はやしらざん》であった。羅山は、藤原惺窩《ふじわらせいか》から儒学を受け継ぎ、吉田神道も学んだが、儒学の新たな展開である朱子学の理気説《りきせつ》にもとづいて、神道で説かれる神は朱子学の理に相当すると主張した。

こうした神道説は「儒家神道」と呼ばれたが、その基本は、神道と儒教の理論が一致するという「神儒合一論」であった。これは、伊勢神道にも影響を与え、従来の伊勢神道を儒学の立場から再解釈する動きが生まれた。あるいは、吉田神道の流れにおいても、吉川惟足《よしかわこれたり》が、儒教的な色彩を加えて「吉川神道」を打ち立てた。

あるいは山崎闇斎《やまざきあんさい》の唱えた「垂加神道《すいかしんとう》」も、朱子学を取り入れたものだが、君臣関係を強調するところに特徴があった。

中世においては、仏教の影響を強く受けた神道理論が唱えられていたのに対して、近世に入ると、このように儒教の影響を受けた神道の理論が唱えられるようになる。それは、神道から仏教色を取り除くことに貢献したものの、今度は、やはり外来の思想である儒教が神道の世界に深く浸透していくこととなった。

賀茂真淵が仏教や儒教の影響を排除した「国学」を打ち立てた

それに対して、仏教だけではなく、儒教の影響をも排除しようとしたのが国学の試みであった。

神道理論を打ち立てるにあたって、仏教の教えを用いるなら、仏典を使えばいい。儒教の教えを用いるなら、論語をはじめいくらでも書物はあった。しかし、仏教も儒教も排して、神道に独自の理論を打ち立てるには、何に根拠を求めるかが問題になる。仏教や儒教の影響をまったく受けていない神道の理論書が存在しないからである。

そこで注目されたのが、日本の古典文学であり、神話であった。その際に、古典文学を研究する基本的な方法を確立したのが契沖《けいちゅう》であった。契沖は真言宗の僧侶であったが、『万葉集』や「百人一首」といった古典文学を研究した。その方法は、実証的なもので、その後の国学の発展に影響を与えた。

国学を確立した人間は、「国学四大人《うし》」と呼ばれるが、それに含まれるのが、荷田春満《かだのあずままろ》、賀《か》茂真淵《ものまぶち》、本居宣長《もとおりのりなが》、平田篤胤《ひらたあつたね》の四人である。ただ、実質的に国学は賀茂真淵からはじまったとされる。

遠江国《とおとうみのくに》に生まれた真淵は、賀茂神社の末社《まっしゃ》の神職をつとめる家に生まれ、古典文学研究の方法を春満から学び、『万葉集』や『古事記』、『源氏物語』の研究を行った。真淵は、古典文学のなかに、作為のない日本古来の天地のこころが宿っているという立場をとった。

この真淵に影響を受け、国学の方法をさらに発展させたのが本居宣長である。宣長は、実証主義的な文献研究を徹底させることで古典文学の読解を試み、それまでの神道の理論は外来の考え方、「からごころ」にもとづくものであるとして、それを批判した。そして、古典文学や神話のなかに、日本人固有の情緒である「もののあわれ」を見出していった。

日本人の信仰世界には、仏教や儒教など、外来の宗教の影響が強かった。神道にしても、仏教や儒教の影響を完全に排除するのではなく、むしろ、それを積極的に取り入れ、その時代に即した信仰世界を築き上げてきた。

ところが、国学者はその価値を否定し、外来の影響を徹底して排除しようとした。その点で、国学はナショナリズムにもとづくイデオロギー的なものとなったわけだが、一方で、実証的な文献研究を志す点で、近代に通じるものをもっていた。

平田篤胤は膨大な著作と五〇〇人を超える弟子を残した

それをさらに推し進めたのが、四大人の最後に位置する平田篤胤だった。

篤胤は、出羽国《でわのくに》久保田藩の藩士の家に生まれるが、四男であったために、二〇歳のときに脱藩し江戸へ出る。江戸での篤胤は、生活を支えることにも苦労し、数々の職業を転々とするが、二五歳のときに、山鹿《やまが》流兵学者の平田篤穏《あつやす》の目に止まり、その家の養子に入ったとされる。ただし、篤胤の前半生のことは必ずしも明らかにはなっていない。

結婚した篤胤は、妻から宣長の『古事記伝』を勧められ、それで宣長の存在を知ることになる。だが、その時点では、すでに宣長は亡くなっており、篤胤は、宣長死後の弟子になる。ただ、篤胤は、夢のなかで宣長から弟子になることを許されたとしており、「宣長没後の門人」と自称した。

夢を事実ととらえる見方には、篤胤が後に、仙界や冥界といった異界に強い関心を向ける萌芽が示されている。篤胤は、宣長にならって『古事記』に強い関心を寄せ、そこから日本人に固有の考え方を導き出そうとしたが、宣長とは異なり、『源氏物語』のような文学作品には関心を見せなかった。

宣長が、ひたすらからごころを排して、もののあわれとして示された古代の日本人の心性を探り出そうとしたのに対して、篤胤の関心は幅広く、日本の古代史だけではなく、仏教や漢学、医学にも関心を示し、さらには、イエズス会の司祭であるマテオ・リッチの翻訳などにも目を通し、キリスト教にも関心をもっていた。

興味深いのは、著作のなかに講義形式で書かれたものがあることである。江戸に出てきた当初、篤胤は歌舞伎の五代目市川團十郎の一座に入り、役者に読み書きを教える代わりに、浄瑠璃語りを学んだ。講義録には、その経験が生きているようで、それを読むと、まるで目の前で篤胤が講義を行っているように感じられてくる。

篤胤の集中力は並外れたもので、本を読み出したり、著述をはじめたりすると、二〇日も三〇日もぶっ続けでその作業にあたり、その間は、ほとんど寝なかった。数日なら食事もとらなかったとされる。

さまざまな点で、篤胤は特異な人物だが、三七歳のときに主著となる『霊能真柱《たまのみはしら》』を書いた後、異界に強い関心をもち、仙界を訪れたと称する人間に直接会って、その話を聞き、それを著作にまとめたりしている。それは、民俗学のフィールドワークにおける聞き書きと同じで、実証的な方法にもとづくものではあったが、異界の実在の主張は、神秘主義的な内容をもつものであった。

篤胤が、その生涯の間に残した著作は膨大なものになるが、そうした特異な内容をもつ著作であるだけに、篤胤が書いたことがそのまま後世に強い影響を与えたというわけではなかった。ただ、篤胤には、生前にも五〇〇人を超える弟子がいて、死後の弟子となると一三〇〇人を超えていた。そのため、弟子を通して後世に大きな影響を与えていく。弟子たちは「平田派」を形成したが、幕末の国学者は、皆この平田派に属していた。代表的な人物としては、矢野玄《やのはる》道《みち》、岡熊臣《おかくまおみ》、大国隆正《おおくにたかまさ》、六人部是香《むとべよしか》などがいる。とくに隆正は、明治新政府が当初の段階で祭政一致の国家体制をめざすことに大きく貢献した。これが「復古神道」である。

日本人固有の精神性を明らかにしようとした国学者たちは、あくまで学問を志す人間たちであり、社会を変えようとする活動家ではなかった。そこが、尊王攘夷《そんのうじょうい》の志士たちとも異なる。ただ、仏教や儒教といった外来の宗教の影響を排除しようとする姿勢は、後世に大きな影響を与えていく。その代表が民俗学の創始者、柳田國男であった。彼は、自らの試みを「新国学」と呼ぶほどに、国学に傾倒した。そこには、仏教嫌いだった父親の影響もある。柳田は、日本人の信仰を仏教の影響によらないものとして説明しようと試みるが、それはまさに国学者全体に共通する姿勢であった。

第16章

神道は宗教にあらず

明治時代の「神仏判然令」により、神社から仏教要素は一掃された

日本の宗教の世界は、近代に入るまで、神仏習合が基本で、「ない宗教」としての神道と「ある宗教」としての仏教が、その役割を分担しつつ融合し、日本人の信仰生活を支えてきた。

神社の境内に「神宮寺」と呼ばれる仏教寺院が設けられるのも当たり前のことで、一方では、寺院の境内にも、何らかの神を祀る小祠が存在した。神社の本殿に仏像が祀られているようなところもあれば、反対に、神像が祀られている寺院もあった。

こうした神道と仏教との関係は、「本地垂迹説」によって理論化された。日本の神々は、仏

教の仏が地上にあらわれたものだとされたのだ。

これは、仏教優位の考え方であるために、中世には、神道側から「神本仏迹説《しんほんぶつじゃくせつ》」が唱えられたりした。これは、神の方が主で、仏の方が従だとする考え方だが、本地垂迹説ほどは広まらなかった。仏教が複雑な世界観を発達させた上、高度な学問や儀礼が含まれていたため、神道はそれに太刀打ちできなかったからである。

それでも、第11章や第15章でふれたように、江戸時代になると、神道の独自性を主張する声が上がるようになり、神道を仏教が取り入れられる以前の状態に戻そうとする復古神道の動きが生まれた。この運動は、尊皇攘夷を叫ぶ声が高まっていくにつれて力を得ていった。

そして、王政復古によって誕生した明治新政府は、当初、かつての律令制の復活をめざして太政官制をしいた。それに連動して、祭祀を司る神祇官《じんぎかん》が復興され、太政官《だじょうかん》の下におかれた。さらに神祇官は太政官から独立し、行政機構の頂点に位置するまでに至る。

これは祭政一致の国家を作り上げる試みであった。しかし、当時は世界全体が近代化を進めていたわけで、そのなかにあって、古代の制度を復活させようとする試みは、時代錯誤のアナクロニズムでしかない。実際、こうした体制はすぐに破綻《はたん》し、神祇官は神祇省に格下げされ、ふたたび太政官の下におかれた。ついには、神祇省は廃止されてしまう。

このように祭政一致の国家を復活させようとする試みは、すぐに頓挫《とんざ》することになってしまう。そうした時代の流れのなかで、それに翻弄《ほんろう》される人間の姿を描いたものが、島崎藤村《しまざきとうそん》の長編小説『夜明け前』だった。

この小説の主人公、青山半蔵は、島崎の父親がモデルになっている。半蔵は、祭政一致の国家建設の構想が後退していくなかで、「これでも復古といえるのか」と悲痛な叫びを上げるのだった。

ただ、こうした祭政一致の国家建設という、神道家や国学者の夢はついえたものの、明治維新によって、日本人の信仰生活は大きな影響を受けた。根本的な変化を経験したと言うこともできる。

もっとも大きな影響を与えたのが、「神仏判然令《しんぶつはんぜんれい》」だった。これは、「神仏分離令」と呼ばれることもあり、そちらの方が人口に膾炙《かいしゃ》している。神仏判然令は太政官布告で、神社から仏教的な要素を一掃することを目的としたものだった。

第11章で江戸時代における出雲大社の改築について述べたとき、一七世紀半ばの段階で、仏教的な要素を排除しようとする動きが生まれ、それが幕府にも認められた経緯についてふれた。幕府の側は、出雲大社の社殿を朱塗りにしようとしていた可能性もあった。こうした仏教的な要素を排して、神道の純粋性を回復しようとする動きが、やがて神仏分離に結びついたのである。

しかし、それまで深く融合していた神道と仏教とを分離するという行為は、それ自体がかなり暴力的なものである。実際、その影響を受けて、「廃仏毀釈」の動きが起こる。たんに、神社から仏教的な要素を排除することにとどまらず、仏教寺院が破壊され、打ち捨てられる事態にまで発展したのである。

中国では、歴史上、くり返し廃仏の動きが起こり、そのたびに、仏教寺院や仏像は破壊された。もっとも大規模な廃仏が唐の時代に起こった「会昌《かいしょう》の廃仏」と呼ばれるものである。これに巻き込まれた日本の天台宗の僧侶、円仁《えんにん》も還俗《げんぞく》させられるなど、廃仏の影響をもろに受け、なかなか帰国がかなわなかった。朝鮮半島においても、朝鮮王朝（李氏《りし》朝鮮）の時代に廃仏崇《すう》儒《じゅ》の動きが起こり、数多くの寺が廃された。

日本では、権力者が儒教や道教に深く傾倒して、仏教を否定するようなことがなかったために、廃仏という方向にはむかわなかった。明治維新になるまで、廃仏の目立った動きは生まれなかったのである。

ところが、江戸時代には寺請制度がしかれ、仏教の信仰が強制されていたこともあり、その特権を奪おうとして仏教寺院が破壊されるという動きが生まれた。この動きは、やがておさまるものの、それによって廃寺になってしまった寺院もあった。中世には奈良全体をその支配下においていた興福寺などは、これで壊滅的な被害を被った。本堂である中金堂がようやく再建されたのは平成三〇（二〇一八）年のことで、正岡子規がかつて「秋風や囲いもなしに興福寺」の句を作ったように、未だに塀はない。

あるいは、同時期に、仏教式の葬儀に代わって、神道式の「神葬祭《しんそうさい》」を奨励しようとする動きも生まれた。それにともなって、仏教のものだとされた火葬が、一時、禁止されるという事態も生まれた。この禁止はすぐにとかれるが、葬送習俗まで変えようとする動きが生まれたのである。

皇室から仏教信仰が一掃され、国民に神道が強制された

最終的に、祭政一致の国家を作り出そうとする試みは失敗に終わる。古代の制度を基盤にした近代国家など、矛盾以外の何ものでもないからだ。

しかし、そうした試みがまったく消滅してしまったわけではなかった。明治新政府は、天皇を頂点に戴《いただ》く立憲君主制の確立をめざす。立憲君主制は、王を君主として戴く制度であり、多くの近代国家で採用されたものだが、日本の場合、天皇が、皇室の祖神である天照大御神につらなる現人神《あらひとがみ》とされた点で特殊だった。そこに、神道の信仰が深く影響していく原因があった。

たしかに、『古事記』や『日本書紀』といった記紀《きき》神話の記述に従うならば、天皇は神につ

らなる神聖な存在であるということになる。その意味で、天皇は神そのものなのである。

ただし、近代における天皇は、神であると同時に、皇祖神である天照大御神などを祀る神主としての役割を担うことにもなった。それが、「皇室祭祀」である。この神であると同時に神主であるというあり方は、第10章で述べた出雲国造のあり方と似ている。

もっとも、江戸時代までの天皇家では、神道に限らず、仏教の信仰も実践され、代々の天皇の菩提を弔う泉涌寺《せんにゅうじ》という菩提寺《ぼだいじ》も存在した。宮中には、「お黒戸《くろど》」と呼ばれる仏間があり、そこには歴代の天皇や皇后の位牌が祀られていた。明治になると、このお黒戸は宮中から追いやられ、泉涌寺に移されてしまった。

そして、東京の皇居には、新たに賢所《かしこどころ》、皇霊殿《こうれいでん》、神殿からなる「宮中三殿《きゅうちゅうさんでん》」が設けられ、そこでは天皇を中心として皇室祭祀が営まれるようになった。

日本の歴史を繙《ひもと》いてみるならば、過去の天皇はむしろ熱心な仏教の信者であり、その発願《ほつがん》で建立された仏教寺院も少なくない。奈良東大寺の大仏などもそうである。ところが、明治になると、天皇家からは仏教関係の信仰が一掃されてしまう。皇族個人が望んでも、仏教式で葬られることが禁じられるようにさえなっていく。皇室は、仏教を信仰する自由を奪われてしまったのだ。

これにともなって、神道の祭祀への参加が国民全体に強制されることになっていく。江戸時代には事実上、仏教が強制された。今度は神道である。一般の民衆のあいだに、仏教と神道が浸透した背景には、こうした出来事も深くかかわっていた。

神道は国家全体の宗祀であり、宗教ではないとされた

ただ、明治以降に神道を国民に強制する上で、一つ解決しなければならない問題があった。近代国家においては、「信教の自由」ということが保障されなければならない。実際、明治二二（一八八九）年に発布された大日本帝国憲法、いわゆる明治憲法においても、制限はつけられたものの信教の自由が認められた。江戸時代のキリスト教（キリシタン）のように、特定の宗教が禁じられることはなくなったのである。

神道の祭祀を強制することは、この信教の自由に抵触することになってしまう。ほとんどの国民は仏教の信仰をもっているし、なかにはキリスト教に改宗した人間もいた。

その際に使われた論理が、「神道は宗教にあらず」というものだった。神道は国家全体の宗《そう》祀《し》であり、特定の宗教の実践ではないとされたのである。

今日の感覚からすれば、神道はあくまで一つの宗教であり、この論理は詭弁《きべん》にしかすぎないように思える。戦後、神道が国家祭祀として強制された体制は「国家神道」と呼ばれ、批判の

対象になっていく。

ただし、神道は宗教にあらずという考え方が、多くの国民が受け入れられたという面も無視できない。

それも、神道が、宗教としてはとらえられるものの、開祖も、教義も、戒律もない「ない宗教」だったからにほかならない。神道は、宗教の本質的な構成要素をあらかた欠いており、伝統的に受け継がれてきた社会的な慣習であるという側面があった。

実際、ほとんどの国民は、明治になっても、それ以前の神仏習合的な感覚を保持し、神道と仏教の双方にかかわっていった。一部に仏教を排斥する動きは起こったものの、それに同調する国民は少なかった。そのために、国家祭祀として神道を強制されても、強いられているという感覚をもたなかった。それが、神道は宗教にあらずという宣言が受け入れられた背景にあった。

ただし、キリスト教徒にとっては、その考え方は受け入れがたいものだった。そのために、キリスト教徒とのあいだには軋轢《あつれき》が生まれ、それは現在にまで影響を与えている。あるいは、神という神道の用語を、キリスト教にも応用したことに問題があったのかもしれない。キリスト教の神と、神道の神とではその性格は相当に異なっている。

日本人は、自分たちは「無宗教」であると考え、特定の宗教の信仰をもっていないと考える。ところが、一方で、神道や仏教とは日常的なかかわりをもっている。にもかかわらず、自分たちを無宗教と考えるのは、神道と仏教とが異なる宗教として分けられてしまったことが大きい。日本人は、近代に入るまで、神仏習合の世界に生きていたのであり、神道にかかわるとともに仏教にもかかわっていた。

それが、神道と仏教が、ともに宗教として分けられてしまうと、どちらか一つを選ぶというわけにはいかない。自分は神道の信者であると同時に仏教の信者でもある。ならば、どうしたらいいのか。そこで出てくる答えが無宗教というものである。

無宗教は、神の存在を全面的に否定する「無神論」とは根本的に異なる。無神論者であれば、宗教施設に出かけていって礼拝を行ったりはしない。

だが、無宗教を標榜する日本人は、神社や寺院を訪れ、そこで礼拝をする。観光で訪れたときも、拝殿や本尊を拝む。それは、神や仏の存在を認めた上での宗教行為にほかならないのである。

第17章

「ある宗教」への胎動

天理教が神道本局から独立して、教祖、教典のある教団を組織

明治政府は、「神道は宗教にあらず」ということで、神道を宗教の枠外においた。

明治政府は、当初、神道を中心とした国造りを進めようとし、古代の神祇制度を復活させようとした。その際に、中世以来の伝統だった「神仏習合」というあり方を改めるため、神仏分離を行ったわけだが、その際に、「上知令《あげちれい》」というものを出して、神社や寺院の所有していた土地を召し上げた。中世の時代から、神社や寺院には多くの土地が寄進されていた。その保護を得るためである。それによって、神社や寺院は経済力を備えるようになり、それを守るため

に僧兵といった武力まで備えるようになる。

明治政府は、地租という税金をとるために、神社や寺院の土地に目をつけた。寺院の方は、廃仏毀釈ということも起こったため、かなりの打撃を被ることになるが、神社の方は、有力なものについては国が経済的に援助するようになり、神職は公務員と同等の扱いを受け、国から給与を支給されるようになる。

これは、神社の社会的な地位を高めることになり、また、神職に経済的な基盤を与えた。「神官」という呼び方が生まれたのも、神職が官吏と同じ扱いを受けたからである。

そして、古代の社格制度にならい、新たな社格制度を設けた。古代の制度においては、延長五（九二七）年に成立した「延喜式神名帳」に記載された由緒ある神社に対しては、官幣《かんぺい》大社、官幣小社、国幣《こくへい》大社、国幣小社の社格が与えられた。中世になると、こうした制度は崩れていき、新たに畿内を中心とした有力な神社に対して朝廷が奉幣を捧げる「二十二社」という社格も生まれた。

近代の社格制度は、官社と民社に大きく分けられ、官社には、官幣大社、官幣中社、官幣小社、国幣大社、国幣中社、国幣小社、さらには国家に功績があり国家のために亡くなった人物を祀る別格官幣社といった社格が与えられた。民社は、府社、県社、藩社、郷社、村社の社格を与えられた。社格を与えられなかった神社は無格社とされた。

ただ、神道のなかには、神社に参拝するための「講《こう》」の組織が存在した。講は、もともとは、法華経を講じる「法華八講《ほっけはっこう》」に代表されるように仏教の儀式からはじまるものだが、次第に特定の信仰を中心として組織された集団が講と呼ばれるようになる。中世から近世にかけては、庶民のあいだに、共通の信仰によって結ばれたさまざまな講が生まれる。伊勢神宮に参拝する伊勢講や、集まって念仏を唱える念仏講などである。

　講は、宗教教団の一種ということになるが、明治政府は、宗教を統制するために、そうした講の組織を「教派神道」として公認するようになっていく。教派神道のなかには、江戸時代にはすでに存在していた伊勢参りのための伊勢講や富士山や御嶽山《おんたけさん》といった山岳信仰の講が含まれた。こうした講が、伊勢神宮の神宮教、出雲大社の出雲大社《おおやしろ》教、富士山信仰の扶桑《ふそう》教や実《じっ》行《こう》教、御嶽山信仰の御嶽教に発展した。

　さらに、こうした教派神道のなかには、特定の教祖が開いた神道系の教団が含まれるようになる。黒住《くろずみ》教や金光《こんこう》教、そして天理《てんり》教である。

　一般の神社の場合には、地域の氏子が組織され、選ばれた氏子総代が、神職とともに神社を運営することになるが、教派神道の場合には、個々に教団を組織するようになる。これは、明治になって新たに生まれた形態である。教団がないということも、「ない宗教」としての神道の特徴であったわけだが、教派神道は「ある宗教」の方向へ踏み出したことになる。

出雲大社教の場合には、明治一五（一八八二）年に、出雲国造であった千家尊福によって組織されたものだった。それに先立つ明治一三（一八八〇）年には、東京の日比谷に設けられた神道事務局の神宮遙拝所《ようはいしょ》に、尊福は、造化三神《ぞうかさんしん》と天照大御神以外に、出雲大社の祭神である大国主命を祀るよう要求し、神社界を二分する「祭神論争」を巻き起こした。

この要求は、最終的に明治天皇によって拒否され、論争に敗れた尊福は、出雲大社の信仰を広めるための組織として出雲大社教を立ち上げた。出雲大社教は、明治の末には四三三万人の信者を抱える巨大教団に発展していた。出雲大社教には明確な祭神もあり、教義も整備されたため、「ある宗教」としての実質を備えていた。

巨大教団へと発展する天理教

これ以上に、「ある宗教」としての性格が明確なのが、教祖によって開かれた教派神道の教団であった。

そのうち、もっとも大規模な教団に発展したのが天理教《てんりきょう》であった。天理教は、昭和一三（一九三八）年の時点で、四五六万人の信者を抱えるまでになっていた。

天理教では、天保九（一八三八）年一〇月二六日を立教の日と定めている。この日、天理教の教祖である中山みきが、神憑《かみがか》りを経て、「神の社」として貰い受けられるという決定的な出来事が起こったとされるからである。みきに下った神は、天理教の主宰神である天理王命《てんりおうのみこと》であり、それは「親神《おやがみ》」とも呼ばれる。

ただし、この立教の日の出来事が記録にあらわれるのは明治一四（一八八一）年以降のことで、実際には、そうした決定的な出来事は起こらず、精神的な病に陥ったみきが神憑りをくり返して、周囲からは神として扱われるようになっていったものと思われる。みきは、「お産の神様」と呼ばれるようになり、現在の奈良県天理市周辺の妊婦の苦しみを助ける活動を実践し、信者を増やしていった。

みきは、従来のお産にまつわるタブーを否定し、その面では合理的な教えを説いた。だが一方で、妊婦の腹に息を吹き掛けたり、なでたりするといったまじないに近い行為を実践した。お産の神様としてみきの存在が知られるようになり、地域の信仰を集めるようになると、競合する山伏《やまぶし》などの民間宗教家と対立するようになり、迫害も受けた。

そこで、みきの長男であった秀司《しゅうじ》は、つてを頼って京都にまで出かけ、当時は神道の総元締めであった吉田神道の吉田家に入門する。秀司は、京都で修行を行い、正式に吉田家の神職としての許可証を得る。そして、中山家に戻った秀司は、神主の格好をして中臣祓《なかとみのはらえ》や六根清浄《ろっこんしょう》大祓《じょうおおはらえ》といった吉田神道の儀礼を実践した。

当時、中山家で祀られていたのは「天輪王明神《てんりんおうみょうじん》」という神で、それは国常立尊《くにのとこたちのみこと》以下一二柱の神が合わさったものとされていた。吉田神道においては、第15章で見たように、虚無大元尊神《そらなきおおもとみことかみ》を主宰神としたが、この神は神話に登場する国常立尊を宇宙の根源的な神と位置づけたものである。この点で、幕末期の天理教は吉田神道の影響を強く受けていた。

しかし、江戸から明治へと時代が変わることによって、吉田家は神道の総元締めとしての地位を失ってしまい、秀司が吉田家に入門した意味はなくなる。それでも、明治に入ってしばらくの間は、迫害を受けることもなく、天理教はその活動を自由に展開していた。

ところが、明治政府はしだいに、こうした宗教集団に対する統制を強めていく。明治七（一八七四）年には、神祇省から改組された教部省《きょうぶ》によって、「禁厭祈禱ヲ以テ医薬ヲ妨クル者取締ノ件」という布達《ふたつ》が出され、呪術的な信仰治療を実践し、医者や薬を否定する行為が禁止された。

当時の天理教は、信仰治療が中心であり、「ビシャッと医者止めて、神さん一条や」と説いていたため、取り締まりを受けざるを得なかった。また、明治一三（一八八〇）年には、大阪府から、今日の軽犯罪法にあたる違警罪の一項として、「官許を得ずして神仏を開帳し人を群集せしめしもの」が取り締まりの対象と定められた。

天理教は、この違警罪《いけいざい》にも違反する形になり、教祖や幹部が逮捕され、拘引《こういん》されるという事態が起こる。そこで天理教では、高野山真言宗の金剛山地福寺《じふくじ》というところへ願い出て、その傘下に入り、転輪王講社《てんりんおうこうしゃ》という組織を作った。講社の社長を地福寺の住職がつとめ、秀司が副社長をつとめた。

この時代、中山家では、密教の星曼荼羅を掲げて木像を祀り、不動や稲荷と記した提灯をいくつも吊るして、その前で盛大に護摩《ごま》が焚《た》かれていた。神道から仏教の密教への転換は、唐突で無節操なものにも思えるが、天理王命は、仏教の転輪王に発しているとも言われ、天理教のなかにはもともと仏教的な要素もあった。

ところが、この転輪王講社が結成された翌年に、秀司は亡くなってしまう。教団のなかでの秀司に対する評価は決して高いものではないが、彼が弾圧や迫害を避けようとして必死に奔走《ほんそう》し、既成宗教の庇護《ひご》のもとに教団の活動を展開しようとしたことは一定の成果をもたらした。ところが、秀司が亡くなると、そうした試みをする者がいなくなってしまった。そのため、天理教への迫害はより強いものになっていく。

明治一九（一八八六）年、みきは逮捕、勾留されるが、それは二月下旬のことであった。真冬である上に、最低気温が氷点下四・二度を記録するなど三〇年来の寒さとなった。しかも、そのときのみきはすでに八九歳の高齢であった。

勾留を解かれた後、みきは一度も中山家の屋敷を出ることがなく、翌年の二月一八日に亡くなっている。享年は九〇であったが、みきは生前、人間の寿命は一一五歳まであるとしていたため、彼女の早すぎた死は教団に動揺を与えた。

ただし、みきの後継者と定まっていた、大工の棟梁、飯降伊蔵《いぶりいぞう》に神が下り、みきは自らの寿命を二五年縮めて人々の救済にあたるという託宣が下ったことで、危機は回避された。しかも、みきの魂は、教祖殿で生き続けているという信仰が生まれ、それは「存命の理《ぞんめいのり》」と呼ばれるようになっていく。現在でも、教祖殿には一日三度食事が運ばれ、季節の代わり目には衣替えも行われる。これは、高野山の弘法大師の入定《にゅうじょう》伝説に影響を受けたものではないかと考えられる。

教祖殿は、天理教の教会本部に接して建っており、祖霊殿を含めた三つの建物は長い回廊によって結ばれている。教会本部の中心には、「ぢば」と呼ばれる場所があり、そこには甘露台《かんろだい》が据えつけられている。天理教の信仰では、この「ぢば」こそが人類が誕生した場であるとされている。そのために、天理教の信者は、人類全体の故郷である天理の街にくり返し戻ってくる。それに対応して、街のなかには信者が宿泊する「詰所《つめしょ》」と呼ばれる建物が林立している。天理の街は、日本では珍しい宗教都市の様相を呈しているのだ。

みきの死後、天理教は、政府からの公認を得るための活動を活発化させる。みきが、そうした動きに反対していたからである。まだ、みきが生きていた明治一六（一八八三）年には、すでに神道本局部属六等教会の設置を認可されていた。教派神道の一つでもある神道本局は、全国の神社をその傘下におさめた神道の総本山にあたる。

しかし、神道本局の下にあるということは、独自の宗教活動を展開できないことを意味した。そこで、教団のリーダーである初代真柱《しんばしら》になった中山眞之亮《しんのすけ》を中心に、天理教を独立させる運動を展開する。これは成果を上げ、明治四一（一九〇八）年には念願の独立を果たした。

黒住《くろずみ》教の教祖は、岡山の神職だった黒住宗忠《むねただ》である。宗忠は天照大御神と一体化する宗教体験を経て、黒住教を開き、病からの救済によって信者を増やしていった。

ただ、宗忠が、自らは天照大御神と一体であるとする「天命直後《てんめいじきじゅ》」の教えを唱えたことで、明治政府から不敬とされた。もし、黒住教が自分たちの教えをあくまで強く主張していたら、後の多くの新宗教が経験したように弾圧を受けたかもしれない。

金光《こんこう》教の教祖は赤沢文治《あかざわぶんじ》（後に川手文治郎《かわてぶんじろう》）である。文治は四二歳の厄年に大病を患い、そのなかで「天地金乃神《てんちかねのかみ》」の声を聞くという宗教体験をする。それを経て、信者の願いを神に伝え、神からその意志を聞く「取次《とりつぎ》」という行為を死ぬまで続ける。これは、現在も教団の伝統になっており、教祖は早朝から夕方まで、毎日欠かさず、この取次を実践している。

黒住教も金光教も、特定の教祖がいて、独自に神を祀り、教義も持っている。その点で、天理教を含め、「ある宗教」の方向に大きく踏み出したと言える。

幕末から明治維新にかけて、日本は激動の時代を経験した。黒船などの外圧もあり、長く国を閉ざしていた日本は、国を開き、近代化を推し進めていかなければならなくなった。それができなければ、欧米列強の植民地になる可能性があったからである。

近代化は、人々の暮らしを大きく変え、そうした流れについていけない多くの庶民を生んだ。そうした庶民を救ったのが、天理教などの教派神道であった。救いをもたらすには、「ない宗教」から「ある宗教」へと変貌をとげていかなければならない。

もちろん、「ない宗教」としての神社神道が消滅したわけではないが、教派神道はやがて新宗教へと発展していく。新宗教のなかにも、大本《おおもと》や天理教から分かれたほんみち、あるいは、ひとのみち教団（現在のＰＬ教団）、生長の家など、神道系の教団が少なくないのである。

第18章

「ない宗教」の現在と未来

戦後、神社は国家のものではなく民間の宗教法人へ移行した

日本が第二次世界大戦に敗れたことは、神道に大きな変化をもたらすことになる。明治以降、神道は「宗教にあらず」という形でその祭祀への参加が国民に強制され、国家の保護のもと、富国強兵を進める大日本帝国を精神的に支える役割を果たしていた。

その点では、神道は戦争責任を負っていたと言うこともできる。そうした事態を踏まえ、戦後には、戦前の体制をさして「国家神道」という言い方がされるようになる。

国家神道という用語は、終戦から間もない昭和二〇（一九四五）年一二月に、連合国軍最高

司令官総司令部（ＧＨＱ）が日本国政府に対して発した、「国家神道、神社神道ニ対スル政府ノ保証、支援、保全、監督並ニ弘布ノ廃止ニ関スル件」という覚書に登場する。この覚書の通称は「神道指令」である。神道指令においては、信教の自由の確立、軍国主義の排除、国家神道の廃止、国家と宗教との分離などが指示された。これによって、神社神道は国家による財政的な支援を受けられなくなった。

第二次世界大戦がはじまる直前の昭和一四（一九三九）年四月には、戦時体制のもとで宗教を監督するために、「宗教団体法」が制定された。これによって宗教団体の設置は許可制になる。そこに含まれたのは仏教やキリスト教の教団、あるいは教派神道の教団で、神社は含まれていなかった。

宗教を規制する法律を作ろうとする試みは、明治の時代から行われていた。しかし、宗教団体の強固な反対もあり、なかなか実現しなかった。戦時体制という特殊な状況が、ようやくそれを可能にした。

宗教団体法は、神道指令が出されたのと同じ月に勅令によって廃止された。代わりに、届け出をすれば宗教法人を設立できるとする「宗教法人令」が制定された。当初、神社はこの宗教法人令の枠のなかに含まれなかったが、翌昭和二一（一九四六）年二月には、神社も宗教法人格を与えられた。その後、大日本帝国憲法を改正する形で日本国憲法が誕生し、そこでは、信教の自由が保障されるとともに、政教分離の原則が示された。

宗教法人令は、届け出さえすれば、宗教法人になることができた。これはまさに憲法の信教の自由の先取りとなるものだが、その分、脱税目的で宗教法人を設立する余地を与えた。実際に、そうした事例が続いたため、昭和二六（一九五二）年には「宗教法人法」が成立する。これによって宗教法人については届出から認証へと変わった。認証を得るためには、本尊を祀る施設・不動産を有することと宗教活動の実績が求められるようになった。

宗教法人令から宗教法人法の制定へと進むことで、神社も、宗教法人として、他の宗教と同様の法的な地位を獲得した。宗教法人として認証されるということは、神社も宗教であるということになり、あり方が戦前とは大きく変わったのである。

こうした戦後の改革によって、神社は国家のものではなく、民間の宗教法人へと移行した。それは明治以前の形態に戻るということでもあったが、神社界では、全国の神社を包括する組織として「神社本庁」を設立する。

当初の段階では、神社界では、伊勢神宮など皇室関係の神社については国が依然として所轄すべきだと考えられ、その方向で改革が進められた。しかし、国家神道の復活を阻止しようとする占領軍は、それを拒否したため、神社本庁が設立されることになったのである。

神社本庁は、宗教法人法では「包括法人」にあたるもので、その下に「被包括法人」としての個別の神社が所属する形になった。ただ、なかには神社本庁には属さず、単立の宗教法人として独立を保ったところもあった。神社本庁という呼称を聞くと、国の機関であるかのような印象を受けるが、神社本庁もあくまで民間の一宗教法人である。

現在でも、神社本庁には包括されず、単立の宗教法人として存続している神社の一つに靖国《やすくに》神社がある。戦後、この靖国神社のあり方も大きく変わった。それも、靖国神社では、軍人や軍属を英霊として祀ってきたからである。

靖国神社は、東京招魂社《しょうこんしゃ》として創建されるが、当初は政府の軍務官によって所轄されていた。軍務官は兵部省《ひょうぶしょう》に改組され、やがて靖国神社は内務省が所管し、陸軍省と海軍省が祭事を統括することになった。その点で、靖国神社は、日本の国家が創建し、祀り続けてきたもので、国家神道の象徴的な存在にほかならなかった。

靖国神社には、明治維新を成し遂げる上で功績のあった志士を祀ったことからはじまり、西南戦争や日清・日露戦争、そして満州事変や支那事変で戦死した軍人・軍属を祀ってきた。ところが、第二次世界大戦での戦死者は膨大な数にのぼった。その数は、二一三万を超えており、靖国神社に祀られた二四六万以上の英霊のなかで圧倒的多数を占めている。その意味で、靖国神社の社会的な意味は、戦後になってかえって大きなものになったのだが、それが国家神道の象徴である以上、戦後はその存廃が議論になった。

結局、靖国神社も民間の一宗教法人として存続することになったものの、創建の経緯もあり、ほかの神社とは根本的に異なる意味をもつことになった。戦後は国家が管轄するものではなくなったものの、英霊を祀るために厚生労働省が名簿を提供するなど、関係が完全に切れたとは言えない面があった。

そうしたこともあり、靖国神社を戦前と同様に国家によって管轄すべきだと主張する「国家護持」の運動も起こった。この運動の中心を担ったのが、戦没者の遺族が加わった日本遺族会で、大会で国家護持の決議をくり返した。それはやがて、靖国神社を国の手に戻す「靖国神社法案」の国会への上程に結びついたが、結局は廃案になり、国家護持は実現されなかった。

そこには、政教分離の原則が深くかかわっていた。憲法では、「いかなる宗教団体も、国から特権を受け、又は政治上の権力を行使してはならない」と規定されており、靖国神社を国家の管轄下におくには、その「非宗教化」を推し進めなければならなかった。しかしそれは、靖国神社を神社ではないものにすることを意味し、靖国神社の側には到底受け入れられないものだった。

戦前のように、靖国神社が国の管轄下にあれば、そのあり方を国の意志で大幅に変えることはできる。しかし、靖国神社は民間の一宗教法人になってしまっているわけで、国がそこに介入することは、まさに政教分離の原則に反することになる。結局、非宗教化という課題が壁になり、靖国神社の国家護持は実現されなかった。

靖国神社国家護持の運動が高まりを見せたことは、政教分離の問題が注目されるきっかけともなった。そのため、首相が靖国神社に参拝することが、この原則に反しているかどうかが問われるようになっていく。

首相が参拝したときに、それが公的参拝なのか、それとも私的なものなのかがくり返し問われるようになるが、昭和六〇（一九八五）年に当時の中曽根康弘首相があえて公式参拝を行ったことで、国内から批判を受けただけではなく、中国や韓国などの周辺諸国から強い反発を受けることとなった。

それも、極東軍事裁判（いわゆる東京裁判）で死刑判決を受け処刑されたA級戦犯を靖国神社の側が昭和五三（一九七八）年に合祀していたからである。首相の公式参拝は、東京裁判を否定し、日本の侵略戦争を正当化することになるというのが、周辺諸国の主張だった。

昭和天皇は、戦後、昭和五〇（一九七五）年まで八回にわたって靖国神社に「親拝《しんぱい》」しているが、A級戦犯合祀以降はそれを中止しており、合祀との関係がささやかれてきた。その後の天皇も一度も親拝していない。靖国神社に祀られた英霊は天皇のために戦死したとも言えるわけで、天皇が親拝しなくなったことは、極めて重大な問題である。

国家が創建し、国威発揚のために利用してきた神社が民間の宗教法人となったところに根本的な問題がある。戦没者にかんしては、無宗教の国立追悼施設を作るべきだという主張もあり、政府も検討を進めてきたが、実現には至っていない。たとえ、そうした施設が作られたとしても、靖国神社は依然として存続する。したがって、それが今述べた「靖国問題」の根本的な解決になるかは疑問である。

都市に出てきた人間の冠婚葬祭を神社が司るようになった

神社についての話題と言えば、戦後は、こうした靖国問題に集中した形になってきた。しかし、神社全体のあり方が、戦後において大きく変化し、さまざまな問題を抱えるようになったのも事実である。

戦後の一九五〇年代なかばからは、高度経済成長が起こり、それは都市への人口集中に結びついた。第二次産業や第三次産業に従事するために、多くの人たちが地方の農村部から都市へと移ってきたからである。

そうした人々は、最初はひたすら仕事に励み、信仰生活になどあまり関心をもっていなかったことだろう。しかし、結婚し、家庭を営むようになるとその意識も変わってくる。正月になれば、家内安全を願って初詣に出かけるようになる。そのとき、初詣の対象として選ばれたのは、自分たちが住んでいる地域にある神社や寺院ではなく、それぞれの都市の代表的な神社や寺院であった。

たとえば、東京に住んでいる者なら、多くが明治神宮に出かけた。明治神宮は、明治天皇夫妻を祀るために大正時代にできた比較的新しい神社だが、今は壮大な杜によって囲まれている。それは創建当時に計画されたことで、境内に木を植える際に、安定した状態をはやく迎えるよう樹木の種類や植える場所が研究された。その結果、明治神宮は、あたかも太古からそこにある歴史のある神社としての佇まいを見せるようになったのである。

テレビなどでも初詣の光景が放送され、明治神宮へ初詣に出かけることが、東京に住む人間の正月の風習として確立されていった。それは、川崎市の川崎大師のように、必ずしも神社には限られないことだが、都市にある規模の大きな神社は、多くの初詣客を迎えることになった。

そして、子どもが成長すると、初詣の際にそうした神社を訪れた人々は、七五三を祝うためにもそこに出かけるようになった。それも農村部にはなかった新しい都市の風習で、晴れ着に身をつつんだ子どもたちは、千歳飴の袋をたずさえて神社に赴いた。その際には、初詣とは異なり、仏教寺院が選ばれることは少ない。

それはさらに神道式の結婚式の普及へと結びついていく。それが普及する前の時代においては、結婚式に宗教はかかわりをもたなかった。日本に滞在する外国人がキリスト教式の結婚式を挙げているのに影響されて、神道式の結婚式が生まれた。大正天皇が皇太子の時代に、宮中三殿で式を挙げたことが、大きなきっかけになったとされる。

このように、新たに都市に出てきた人間の冠婚葬祭を神社が司《つかさど》るようになり、それが戦後、神社に与えられた新たな役割となった。葬儀や年忌法要《ねんきほうよう》などは仏教寺院が担当したが、子どもが生まれてから結婚するまでの過程は、神道の神社が担《にな》うことになったのである。その意味では、戦後、神道はそれまでとは異なる形で国民のあいだに浸透したとも言える。

都市のなかでは、今でも小祠が祀られている光景に出くわすことがある。繁華街の一角に稲荷社などの小祠があり、その地域の人々の信仰を集めている。あるいは、企業のなかにも、会社のフロアーに神棚を設けたり、屋上に小祠を祀っているところがある。現代社会と古代からの信仰の融合はミスマッチかとも思われるが、それは今でも共存している。

ただ、地方の神社となると、規模の小さなものであればあるほど、過疎化によってその維持が難しくなっている。神主がいくつもの神社を兼務していることについては、第9章でふれたが、それも個々の神社には神主が常駐できないからである。氏子も少なく、したがって神社の収入も限られている。それでも、兼務によって廃止は免れている。

神社は地域の象徴であり、また、そこで営まれる祭祀は、地域を統合する役割を果たしている。神社がなくなれば、地域をどうまとめていけばいいのか、それが問題になってくる。しかし、人口減という事態に直面している以上、そうした神社を維持していくための方策を見出すことは難しい。

その点で、神道は危機を迎えているとも言える。一般の宗教であれば、教団を改革することで、危機を乗り越えることもできなくはない。だが、「ない宗教」としての神道は、一般の宗教にあるものがことごとく欠けており、教義や儀礼、救済の方法などを変えようがない。その点では、「ない宗教」の弱点が露呈しているとも言える。

果たして神道は、「ない宗教」のまま、現在の危機を乗り越えていくことができるのだろうか。

それでも、神社という空間は、とくにそこに杜が広がっていれば、それだけで、そこに足を踏み入れた人々のこころを癒すことができる。都会では、神社はまさにオアシスである。

国際化の勢いは止まらず、それは、私たちを守ってくれる国家や共同体を解体し、個々の人間を孤立化させている。私たちは、自分たちを支えてくれるものを次第に失ってきている。そうした状況のなかで、もし私たちが何らかの形で神と出会うことができるとしたら、私たちはそこに新たな支えを見出すことができるかもしれない。その役割を、「ない宗教」としての神道は果たすことができるのだろうか。今それが問われている。

おわりに

ではなぜ神道には教えがないのか。

最後にこの点を改めて考えてみたい。

根本的な理由は、神道には特定の創唱者《そうしょうしゃ》、つまりは教祖にあたる存在が欠けていることにある。創唱者は、神の啓示を受けたり、あるいは悟りの体験を経ることによって自らの教えを説くようになる。そうした存在が神道にはいないのだ。だから、教えが生まれないわけである。

しかし、神道を民族宗教の一つとしてとらえたとき、同じ民族宗教でも教えが説かれているものがある。

その代表がユダヤ教である。ユダヤ教も、ユダヤ民族の間に生まれてきた民族宗教であり、特定の人物に発するわけではない。

ところが、ユダヤ教には教えがあり、「ハラハー」と呼ばれる宗教法（ユダヤ法）まで存在している。ユダヤ教の教えを学び、厳格にユダヤ法を守っている超正統派の人々もいる。

ではなぜ神道とユダヤ教では、同じ民族宗教でも、教えの有無が生じたのだろうか。

神道にもユダヤ教にも、固有の神話が存在している。日本の神話は、『古事記』や『日本書紀』に記されている。ユダヤ教の神話は、その聖典である『トーラー』に記されている。『トーラー』と言うと、あまりなじみがないかもしれないが、キリスト教は『トーラー』をはじめとするユダヤ教の聖典を取り込み、それを『旧約聖書』にまとめた。『旧約聖書』のうち、「創世記」からはじまる最初の5章が『トーラー』である。

日本の神話でも、ユダヤ教の神話でも、世界がどのようにして始まったのかが語られている。ただ、両者には大きな違いがある。

日本の神話では、その後、神々の物語が展開されていき、途中から、それに連なる代々の天皇の物語へと発展していく。神々の物語は「神代」と呼ばれる。

これに対して、ユダヤ教の神話では、神による創造が行われた後には、創造された側の人間の物語へと発展していく。

「創世記」の冒頭では、神は「われわれのかたちに、われわれにかたどって人を造り」と述べ、神が複数であった痕跡が示されており、もともとユダヤ教は多神教であったとも考えられる。だが、モーセが神から授かった十戒では、「わたしのほかに神があってはならない」とされ、ここで一神教としての性格が明確になる。

したがって、ユダヤ教の神話は神々の物語にはならなかった。人間の側が神とどうかかわるのか、神は人間をどう扱うのか、そうした物語が展開されることになったのである。

日本の神話は、ギリシア神話に似ている。ギリシア神話も神々や超人的な英雄の物語で、人間が主役ではない。ギリシアの神々は、人間のように恋をし、争う。それは、日本の神話でも同様で、神武天皇以降の話にならないと、人間と神とのかかわりについては語られない。

ユダヤ教の神話では、人間が主役であるために、人間が神をどのように信仰するかが問われる。そうなれば、そこで教えが生み出されていく。十戒などは、根本的な戒律を示したものであり、教えに他ならない。

あるいは、アブラハムは、神から命じられたことに無条件で従い、ようやく授かった子どもを犠牲にしようとする。その点で、信仰者の模範と見なされ、イスラム教の形成にも大きな影響を与えた。預言者ムハンマドは、アブラハム（彼の使うアラビア語ではイブラーヒム）こそが、イスラム教徒であるムスリム（アラビア語で「帰依する者」を意味する）のあるべき姿だとしたのである。

日本神話では、神武天皇以降は人間の物語であり、神は啓示を下す側にまわる。だが、人間の側の信仰のあり方が問われるような場面は描かれていない。天照大御神は皇祖神で、仲哀天皇に対しては、西の方を攻めるように命じるものの、それに天皇が逆らうと、命を奪ってしまう。

ユダヤ教の神も、ノアの洪水の話に見られるように、堕落した人間を一掃してしまう暴力性を示すが、そこでは、人間が正しい信仰を持っているかどうかが問われている。そうした場面が、日本の神話には欠けており、神話のなかから教えを導き出すことができないのだ。

もちろん、神話から教えを導き出すことができなくても、神道にも教えを生む方法があった。

一つは、「ある宗教」である仏教や儒教、道教の教えをもとに、神道の教えを作り上げていくやり方である。中世から近世にかけての神仏習合の時代には、さまざまな神道の流派が生まれ、それぞれ独自の教えを説いていった。

ただ、そうした神道の流派で説かれる教えは、かなり観念的なもので、一般の人々が日常的に実践するものにはならなかった。たとえば、もっとも影響の大きかった吉田神道では、古来の「随神《かんながら》の道」に従うことが説かれた。それは、神の御心のままに人為を加えないことを意味するものだが、ではどうすればいいのか、そこには具体性が伴っていなかった。

もう一つは、第17章でふれた、教祖による啓示というやり方である。教祖は、何かのきっかけで神憑りをするようになり、神のことばを下していく。それが教えになっていくわけである。

神が託宣を下すということは、日本でも古代から行われてきた。八幡神の下した重要な託宣については第7章でふれた。他の神々も託宣を下すことがある。

しかし、そうした託宣は、個別の事例、あるいは問い掛けに対する答えであり、そこから教えを導き出すことは難しい。

それに対して、教祖は、あるいは教祖に宿った神は、人間はどうあるべきかを説いており、それは教えになっている。この面では、神道が教えを確立していく可能性があるわけだが、教祖は、近代になって生まれた存在であり、信者はそれを神として信仰するが、それが一般の人たちにまで広がっていくことはなかった。

あるいは、仏教や儒教の存在が、神道に教えを求めないことに結びついたことが考えられる。仏教には釈迦という開祖がいて、その教えは膨大な仏典に記されている。それが果たして釈迦自身の教えなのかどうかという問題はあるにしても、仏典をもとに、後世にはさまざまな注釈書が作られ、さらには、中国や日本では宗祖たちが仏典をもとに新たな教えを説いていった。儒教の場合にも、開祖である孔子の教えは、『論語』などに示されており、それは、よく知られている。

こうした仏教や儒教の教えがある以上、あえて神道には教えを求めない。そうした意識が働いたことで、神道は教えを積極的に説く方向にむかわなかったのかもしれない。

仏教は、インドから中央アジア、そして中国や朝鮮半島を経由して日本に伝わるなかで、さまざまな信仰を含み込み、高度な哲学を発展させていっただけではなく、密教に代表される複雑な儀礼の方法を編み出していった。神道は、その面でも仏教に太刀打ちできず、仏教の影響を受ける側にまわらざるを得なかった。

インドに生まれた仏教は、その信仰世界にインドの神々を取り入れ、さらに中国では、道教の神々も取り込んでいった。日本でも、そうした外来の神々と日本の神々との習合という現象が生まれた。稲荷神《いなりしん》がダキニと、大国主命が大黒天（インドではマハーカーラ）と習合したようにである。

以上のような理由から、神道には今もって教えがないわけだが、考えようによってそれは神道の弱点であるように見えて、実は強みなのではないだろうか。

仏教にしても、あるいはユダヤ教やキリスト教、イスラム教にしても、それぞれの宗教に生まれた聖典は、どれも今から相当昔に作られたものである。少なくとも千数百年以上の歴史を経ている。

歴史を重ねてきたことは、それだけ権威があることでもあるが、古代に生まれたものである以上、いかにも古めかしいものになってしまっている。今日の観点からすれば、差別的なものも少なくない。仏教の「女人成仏《にょにんじょうぶつ》」の考え方などがその代表である。女性には障りがあり、いったん男性に身を変えなければ成仏がかなわないというのである。

とくに現代のような変化が激しい社会においては、それぞれの宗教で説かれた教えは、現実に対応できなくなっている。次々と生み出される問題に対して答えを与えてくれなくなってしまったのだ。拙著『宗教消滅』（ＳＢ新書）などで論じてきたように、先進国では宗教離れが進み、宗教の衰退という現象が顕著になっている。日本でも、バブルの時代を頂点に、ほとんどの宗教団体は信者数を大幅に減らしている。

神道の信者も減ってはいるのだが、神道の場合、教えがない分、それが古びてしまうことはない。また、古代にできた聖典に縛られることもない。それは、神道にとって長所になり得ることである。

磐座が現代に甦ったギンザコマツ屋上の三輪神社

神道に「ある」のは、神社という空間である。そこは、人と神とが出会う場である。神社の側は、本殿に神が常在しているとし、拝殿で礼拝が行われるが、果たして今日のコンクリート造りの本殿に神が宿っているのか、あまりそうした感覚はもてない。

むしろ、神の存在を感じさせるのは、神

社に形成された鎮守の杜である。都会にある神社でも、明治神宮がその典型だが、そこに展開する杜の存在は決定的に重要である。靖国神社は、都内では明治神宮に次ぐ規模を誇るが、鎮守の杜については、自然豊かな空間が形成されているとは言い難い。

鎮守の杜の原型となるのが、神体山《しんたいさん》である。神体山には神が宿るとされており、古い神社には、大神神社をはじめ、神体山が存在している。ただそれは、本書の前半の部分で論じたように、山そのものが聖性を帯びていたというより、そこにある磐座《いわくら》が重要だった。磐座は、人と神とが出会う場であり、その磐座がある山が神体山として信仰の対象になったのである。

巨大な岩の前に佇めば、現代人もそこに何か特別なことを感じる。岩は、私たちに何かを語りかけてくれるわけではないが、その圧倒的な存在感が、私たちを非日常へと誘ってくれる。あるいは、この世界とは違う異界へと導いてくれる。

世界は、「ある」もので満ち溢れている。「ある」ということは意味があるということで、常に存在意義を問われる。なぜこれがここに「ある」のか。絶えずそれを問われることは、こころの平安には結びつかない。

それに対して、「ない」ものは、「ない」のだから、意味を問われない。なぜないのか。それが問われるのは、「ある」ものが失われたときである。もともと「ない」のであれば、それを問われることはない。「ない宗教」は、存在意義を問われ「ない宗教」でもある。

「ない」ことを「無」と言ってしまうと、仰々しく、また難しく感じられる。「無心」であれと言われると、どうしても構えてしまう。

だが、「ない」のであれば、構える必要もない。日常では感じることの難しい「ない」世界に自らを委ねればいいだけなのだ。

神道が「ない宗教」としてあり続けてきたこの意味を、ここでもう一度考え直してみてもいいだろう。考えるのではなく、感じるべきなのかもしれない。自己を「ない宗教」の世界に浸す。そのとき、私たちは何かに出会うことができるかもしれないのだ。

【著者略歴】

島田 裕巳(しまだ・ひろみ)

1953年東京生まれ。作家、宗教学者。76年東京大学文学部宗教学科卒業。同大学大学院人文科学研究科修士課程修了。84年同博士課程修了（宗教学専攻)。放送教育開発センター助教授、日本女子大学教授、東京大学先端科学技術研究センター特任研究員を経て、東京女子大学・東京通信大学非常勤講師。著書に『帝国と宗教』『「日本人の神」入門』（講談社現代新書)、『浄土真宗はなぜ日本でいちばん多いのか』『葬式は、要らない』（幻冬舎新書)、『宗教消滅』（SB新書)、『キリスト教入門』『日本人の信仰』『男の死にざま』（扶桑社新書）などがある。

［増補版］神道はなぜ教えがないのか

発行日　2023年9月10日　初版第1刷発行
2024年8月30日　第4刷発行

著　者　島田裕巳
発行者　秋尾弘史
発行所　株式会社　育鵬社
〒105-0022　東京都港区海岸1-2-20　汐留ビルディング
電話03-5843-8395（編集）　http://www.ikuhosha.co.jp/
株式会社　扶桑社
〒105-8070　東京都港区海岸1-2-20　汐留ビルディング
電話03-5843-8143（メールセンター）
発　売　株式会社　扶桑社
〒105-8070　東京都港区海岸1-2-20　汐留ビルディング
（電話番号は同上）
本文組版　株式会社　明昌堂
印刷・製本　タイヘイ株式会社印刷事業部

ISBN 978-4-594-09566-6

本書のご感想を育鵬社宛てにお手紙、Eメールでお寄せください。
Eメールアドレス　info@ikuhosha.co.jp